W0326177

Alessandra
Montagne Gomes

De Rio à Paris MA CUISINE DE CŒUR

Textes Laurène Petit
Photographies Maki Manoukian

Flammarion

Sommaire

FORTLEV

COZI
NHAS
SOLIDA

Avant-propos

Lorsque l'on parle d'Alessandra Montagne Gomes, c'est dans le champ lexical de la lumière que l'on pioche allègrement : « cheffe lumineuse », « entrepreneure radieuse », « femme chaleureuse » et « cuisinière solaire ». Si cet adjectif revient autant, c'est que la Brésilienne n'en manque pas, du soleil, dans le cœur et dans ses assiettes. Maman à dix-sept ans, arrivée en France sans le sou à vingt-deux ans, avant de briller sur le devant de la nouvelle scène gastronomique parisienne, la jeune femme a pourtant connu des périodes d'ombre. C'est avec son sourire fédérateur et sa détermination sans faille qu'elle a mené son bonhomme de chemin en les déplaçant, les montagnes.

L'énergie solaire, c'est aussi le moteur d'Alessandra : engagée pour une gastronomie plus responsable, elle est la locomotive qui entraîne derrière elle clients, fournisseurs, famille, et son équipe qui la suit depuis ses débuts, dans les cuisines de son premier restaurant.

Aujourd'hui, c'est chez Nosso, et dans son épicerie Tempero, les joyaux qui illuminent le 13e arrondissement de Paris, qu'elle officie au quotidien, et qu'elle imagine des recettes où, du jardin à l'assiette, l'on n'en perd pas une miette.

À travers 78 recettes brillantes, anti-gaspi et résolument intimes, Alessandra livre ici une belle tranche de son univers solaire qui deviendra, pourquoi pas, le vôtre – « le nôtre » ? Ça tombe bien, c'est ce que Nosso veut dire, dans sa langue natale. Quel honneur mêlé de bonheur de mettre des mots sur les mets, mais aussi sur les maux d'Alessandra ! Pour étayer cet avant-propos, je me suis amusée, en catimini, à compiler les qualificatifs que ses proches utilisent pour parler d'elle : sans surprise, le soleil et la lumière sont présents sous toutes les plumes. Les mots ainsi collectés m'ont émue, tout comme l'aventure de plus d'un an vécue ensemble aux côtés de la talentueuse Maki Manoukian, pour aboutir à ce fabuleux concentré de vie de 256 pages.

Laurène Petit
co-autrice

dama

« Âme singulière, pétillante, inspirante, Alessandra est une femme puissante, généreuse, humble. Elle avance en souriant, sans faire de bruit, sans réaliser la place qui est la sienne aujourd'hui sur la scène gastronomique française. »

Clémence Denavit, journaliste à RFI (*Le Goût du Monde*)

« Quelle chance nous avons de compter Alessandra parmi nous ! Elle est une remarquable cuisinière et bien plus que cela. C'est une femme qui nous montre le chemin. Celui d'une cuisine d'amour. De la force de la vie. »

Alain Ducasse, chef

« Alessandra est une personne rare. Son sourire communicatif et une poignée de ses pão de queijo la rendent inoubliable. Elle vous enveloppe de sa générosité et de son énergie. Pendant ce voyage nous avons partagé des larmes et des rires, je suis heureuse de partager maintenant des souvenirs précieux. »

Maki Manoukian, photographe

« La cohérence est une qualité qu'on retrouve peu en cuisine, et qui m'a frappée dès la première bouchée chez Alessandra. Savoir créer une cuisine qui nous ressemble et qui porte nos valeurs sans jamais oublier le plaisir des convives, ce n'est pas le moindre des talents de la rayonnante Alessandra, un soleil qui emmène avec elle tout un système de talents. »

Estérelle Payany, journaliste et autrice culinaire

« Alessandra est une femme talentueuse, inspirante, sensible et résolument passionnée. Ma rencontre avec elle est un clin d'œil magnifique de la vie, qui a fait se croiser nos chemins pour réaliser nos rêves. »

Aurélien Gil-Artagnan, chef sommelier de Nosso et associé d'Alessandra

« Femme puissante, vibrante, rayonnante, Alessandra met du soleil dans l'assiette. C'est une femme de générosité, de justice, qui emporte tout le monde en chantant ! »

Vanessa Krycève, co-fondatrice du RECHO

« Alessandra, c'est une femme, une mère, une cuisinière, mais c'est aussi un sourire et un regard lumineux. Malgré les épreuves, elle a toujours fait le choix de l'humain dans sa relation aux autres, famille, amis, équipe, fournisseurs. Un astre solaire. »

Stéphane Méjanès, journaliste

« Faire des étincelles sur une scène gastronomique étrangère en arrivant de son Brésil natal, être une femme dans un milieu testostéroné et bâtir un écosystème écologique où l'humain a définitivement la même racine que humus... Sans mauvais jeu de mots, Alessandra a gravi des montagnes. Respect. »

François-Régis Gaudry, journaliste

« Ma rencontre avec Alessandra date d'il y a plus de dix ans, à l'aube de l'ouverture de son premier restaurant. Quel bonheur de voir Alessandra évoluer et grandir personnellement et professionnellement en gardant la même énergie et les mêmes valeurs ! »

Célia Tunc, Collège culinaire de France

« Solaire, joyeuse, profondément généreuse. Alessandra Montagne est à l'image de son pays natal, elle a le rire contagieux, l'émotion à fleur de peau, elle aime nourrir les autres, ne calcule pas et donne tout. C'est une cuisinière de cœur qu'on voudrait toujours garder au plus près de soi. »

Camille Labro, journaliste

« Alessandra est un astre solaire qui, grâce à sa bienveillance et sa fidélité, attire, soulève et bouleverse les foules. Alessandra est rayonnante et partage sa lumière : elle fut la première à nous éclairer et à diffuser ses bonnes ondes sur BIOVOR. Obrigado, Ale ! »

Géraud et Gil-Antoine Gentric, cofondateurs de BIOVOR

« Il y a quelque chose de très fort chez Alessandra, cette combinaison unique d'énergie qui déborde d'amour, de bienveillance et de sincérité avec ses semblables, une très forte exigence vis-à-vis d'elle-même, un engagement sans limite dans tout ce qu'elle entreprend et des compétences hors-norme dans des domaines très variés. Le résultat est bluffant. »

Michel Brémont, compagnon d'Alessandra

« Alessandra a toutes les qualités du soleil, elle rayonne et dégage toujours quelque chose d'extrêmement chaleureux ! Son histoire force le respect. C'est une vraie source d'inspiration et de gentillesse. Je rêve de l'emmener au Bénin, et qu'elle m'accompagne au Brésil. »

Georgiana Viou, cheffe

« Lors de ma rencontre avec Alessandra, je l'ai immédiatement trouvée brillante et inspirante. Je suis très admirative de cette femme qui a une force vitale hors du commun. Rien ne l'arrête, elle a mille projets et les réussit tous ! »

Emeline Aubry, cheffe et artisane charcutière

« Avec Alessandra, il n'y a pas d'entre-deux. Elle a cette énergie communicative qui fait que l'on se dédie à 100 % à ce que l'on fait, quand on travaille à son côté. Je blague souvent avec l'équipe au restaurant, en disant "soyez prêts, la tornade arrive" ! Mais c'est une tornade qui enlève la tristesse à grand renfort d'un sourire toujours accroché au visage. »

Luiz Gustavo Nascimento Galvão, chef exécutif d'Alessandra chez Nosso

« La générosité et la joie de vivre d'Alessandra se ressentent dans sa cuisine comme dans son accent chantant. Son côté impertinent et sa spontanéité lui permettent de véritablement casser les codes. »

Amandine Chaignot, cheffe

« Avec ma caméra, j'ai suivi l'accouchement de ce livre avec joie ! Cheffe Alessandra vous accueille avec une telle chaleur qu'on aurait besoin d'une prescription à vie d'une présence si positive. Dans les assiettes, cette envie de donner de l'amour vous saute au palais. »

Vérane Frédiani, vidéaste et autrice culinaire

« Alessandra, c'est l'explosion et la poésie. C'est une personne intense, obstinée et vibrante. Et en même temps, elle fait siens les mots de Victor Hugo : "Vous qui souffrez parce que vous aimez, aimez plus encore. Mourir d'amour, c'est en vivre." Alessandra est amour. »

Roberta Sudbrack, cheffe

« J'ai le souvenir de ma première rencontre avec Alessandra, qui devait préparer un repas pour un évènement important. La pression s'est transformée en un résultat rayonnant quand elle a choisi d'ajouter un peu de Brésil dans sa recette française. Quelle intelligence et quelle force d'adaptation à toute épreuve ! C'est ce que j'aime et ce qui me surprend chez Alessandra. »

Romain Meder, chef

Introduction

Mon grand-père, que j'appelais Pai, tant il a été un père pour moi, m'a dit un jour :

— Ma fille, sais-tu combien d'huîtres sont produites chaque année sur cette planète ?

— Non, Pai, je ne sais pas.

— Beaucoup. Et, sais-tu, parmi ces huîtres, combien d'entre elles fabriquent une perle ?

— Je n'en ai aucune idée, Pai.

— Très peu. C'est d'un petit grain de sable coincé dans sa coquille que l'huître réussit à donner naissance à une jolie perle, seulement après des années de souffrance.

Mon nom de naissance est Alessandra Gomes Barboza. Les premières années de ma vie ont été constellées de grains de sable dans la coquille que j'essayais alors de me constituer. Je suis née à Vidigal, favela de la zone sud de Rio de Janeiro. Je crois que ma mère n'était pas prête à avoir un enfant, lorsqu'elle a appris qu'elle était enceinte de moi, à 17 ans. Ni elle ni mon père, que je n'ai jamais connu, n'avaient les conditions matérielles ou psychologiques nécessaires pour m'élever dignement. J'ai atterri, âgée de quelques jours à peine, dans les bras de mes grands-parents maternels qui vivaient à quelque quatorze heures de bus de Rio. C'est dans la simplicité de leur petit village nommé Poté, dans l'État du Minas Gerais, que j'ai grandi. Je suis arrivée comme un cheveu sur la soupe – qu'ils partageaient déjà avec leurs neuf enfants. Nous n'avions ni eau courante ni électricité, mais la joie pure de cueillir les fruits à même les arbres, de participer à la traite des vaches le matin et de mettre la main à la pâte du *pão de queijo*. Mes madeleines de Proust ? L'odeur du lait fumant versé sur la farine de manioc, le goût de la mangue verte juste assaisonnée de sel et de citron, la texture croquante du *torresmo*.

Petite, je rêvais d'être maçon. Je n'avais aucune idée qu'on pouvait faire de la cuisine son métier. Ma grand-mère ne savait ni lire ni écrire, et, en réaction, valorisait énormément les instituteurs. J'ai voulu la rendre fière en me dirigeant vers cette profession, d'autant plus indispensable dans un pays qui compte encore beaucoup d'analphabètes. En devenant institutrice, je me suis rendu compte que ce n'était pas ma vocation. Mais j'ai appris à apprendre, ce qui me sert encore aujourd'hui, quand je tente de former la relève des cuisiniers. Ce métier a été ma bouée, dans un moment très tourmenté de ma vie personnelle : enceinte à 16 ans de mon premier petit ami, j'ai eu une enfance éclipsée par le poids de ces nouvelles responsabilités, et par la violence inouïe qui a suivi mon mariage précipité avec le père de mon premier enfant. Par instinct de survie et par amour pour mon fils, je me suis mise en quête effrénée d'une vie plus douce pour nous deux. À la première opportunité, j'ai décidé de quitter mon village et de rejoindre, en Europe, ma mère avec qui j'avais peu de contacts, mais qui avait refait sa vie en France.

Lorsque j'arrivais là-bas à 22 ans, je n'avais qu'une idée en tête : offrir un avenir meilleur à mon fils, André, qui avait déjà 5 ans, et que j'avais été contrainte, le cœur brisé, de laisser au Brésil. C'est lui qui a été mon phare, ma raison de me battre.

Mon premier souvenir de Paris ne déroge pas aux clichés : à peine sortie de l'avion je me suis précipitée au pied de la tour Eiffel. Elle était là, imposante, écrasante, fièrement dressée vers le ciel. Comme dans mes rêves. Je me suis sentie toute petite à côté, et en même temps pleine d'espoir. Je pressentais qu'une nouvelle vie me tendait les bras.

J'étais arrivée en novembre, et déjà le froid était saisissant, contrastant avec les lumières chaudes et scintillantes des grands magasins qui arboraient fièrement les décorations d'un Noël qui ne serait pas tropical. Arrivée sans un sou en poche, je n'ai pu que grâce à mon beau-père, Bernard, traverser l'océan et m'inscrire à la Sorbonne en filière FLE (français langue étrangère). Je lui en serai éternellement reconnaissante. Je dois aussi beaucoup au système français. Se soigner et étudier gratuitement est une chance immense. La France m'a tout donné, et m'a ouvert des portes que je n'aurais jamais pu ouvrir si j'étais restée dans mon pays. J'avais une soif infinie d'apprendre, et en quelques mois je savais me débrouiller en français. Tous les jours, je dévalais les escaliers de ma chambre de bonne pour enchaîner les cours et les petits boulots qui me permettaient de mettre un peu de beurre dans les épinards, que je n'avais pas le temps de cuisiner. Ménage, baby-sitting, je voulais m'en sortir par tous les moyens pour faire venir mon fils, André, dans les meilleures conditions possibles. La passion pour la cuisine n'avait pas encore sa place dans ma vie – qui ressemblait plutôt à de la survie.

J'ai rencontré celui qui deviendrait le père de ma fille lors d'un dîner entre amis. Thaïs est née en 2006, de cette union qui a marqué ma vie et m'a fait prendre le nom d'Alessandra Montagne. Notre table était toujours pleine d'amis de passage, de musiciens, de vie. Je cuisinais avec amour pour ces joyeuses tablées. Au fur et à mesure que mes étagères se remplissaient de livres de cuisine, le rêve d'un projet nourricier commençait à pointer le bout de son nez. Je passais tout mon temps de libre à penser, respirer et rêver cuisine. Mes amis m'encourageaient à ouvrir un restaurant, et j'ai eu envie de croire à ce rêve que je ne m'autorisais pas vraiment à toucher du doigt. J'avais 32 ans quand j'ai sauté le pas et que je me suis inscrite en CAP cuisine. Véritable onde de choc : la cuisine a été une révélation, une manière de naître une seconde fois. Je me sentais enfin quelqu'un, je me nourrissais intérieurement en lisant dans le regard de ceux pour qui je cuisinais, une fierté teintée d'admiration.

C'est la cuisine qui a rempli le trou béant que mon passé m'avait laissé dans le cœur. J'ai pu commencer à panser mes blessures et à me nourrir d'amour. À m'accepter, à m'assumer, après avoir si longtemps cherché à mettre à distance mon histoire. Quand Alain Ducasse, devenu mon mentor, a appris avec étonnement, au détour d'une conversation, que j'étais née dans une favela carioca, j'ai senti qu'il était temps que je montre mes failles pour mieux laisser passer ma lumière intérieure.

Le succès est arrivé sans que je ne le voie venir. Avant d'ouvrir mon premier restaurant, Tempero, avec le père de Thaïs, je me suis formée auprès de celles et ceux que j'admirais le plus. Parmi eux, William Ledeuil, Adeline Grattard ou encore Benoît Castel. Je leur rends hommage, dans ce livre, avec des recettes apprises à leurs côtés. Dès la première année de Tempero, les journalistes et critiques gastronomiques traversaient déjà Paris pour venir déjeuner dans notre restaurant de poche, dans un 13e arrondissement encore aujourd'hui si pauvre en bonnes tables. Comme d'habitude, j'aimais nager à contre-courant, en faisant le pari de ce quartier déserté, en proposant une carte très courte avec un menu complet à 20 euros, et en étant l'une des premières à cuisiner des produits comme l'ortie ou l'aspérule odorante, trésors méconnus des producteurs locaux chez qui je me suis toujours approvisionnée.

En 2014, deux ans après l'ouverture de Tempero, j'apparais en une du magazine *Gault&Millau*. C'était tellement inattendu que même le photographe, après m'avoir demandé où était "le chef", a dû appeler sa rédaction pour être sûr qu'il s'agissait bien de moi... J'ai compris plus tard que j'étais la première femme noire à avoir ainsi été mise en avant. Pour moi qui n'avais jamais rêvé naviguer dans les hautes sphères de la gastronomie, c'était déjà une vraie consécration, malgré le syndrome de l'imposteur qui continue de me torturer.

La suite du chemin a été pavée de moments de grâce, parmi lesquels l'ouverture de mon restaurant Nosso en pleine crise sanitaire. C'est un grand et bel établissement, orné de baies vitrées laissant passer la lumière et les couleurs du jardin de la promenade Claude Lévi-Strauss, et où je peux m'exprimer pleinement. L'ambition est d'y proposer une cuisine gastronomique goûteuse et écoresponsable. Je suis persuadée que l'on peut combiner engagement social, durabilité environnementale et viabilité économique. Nous le faisons quotidiennement en limitant nos déchets au maximum. Rien n'est perdu, tout est valorisé, de la parure de porc à l'épluchure de pomme en passant par les restes de pain. La seule poubelle que nous ayons en cuisine, jamais très remplie, nous sert pour le compost. Celui-ci est récupéré par mon ami Franck, maraîcher à la ferme urbaine Zone Sensible, à Saint-Denis. Les relations que j'entretiens avec lui, comme avec tous mes fournisseurs aussi vertueux qu'engagés, sont très fortes. Mon passé a fait de moi quelqu'un d'extrêmement respectueux des ressources humaines et comestibles. Il m'est impossible d'accepter le gaspillage alimentaire, ni aucune forme d'injustice.

J'embauche aujourd'hui une équipe (terme que je privilégie à celui trop militaire de « brigade ») de 23 personnes dont 10 étrangers de tous horizons, en évitant le travail le week-end. Toute l'équipe que j'ai recrutée et pour laquelle j'ai une reconnaissance infinie, m'accompagne et me suit dans toutes les aventures les plus folles que je leur propose : je pense notamment avec émotion à la succession d'événements gastronomiques d'envergure

dama

(festival de Cannes, Taste of Paris, Omnivore, Fooding, We Love Green) auxquels nous avons participé ces dernières années, et aux ouvertures plus récentes de nouveaux établissements. Dana, le restaurant que je gère dans l'écrin de Kwerk, un magnifique espace de travail dans le 8e arrondissement, est un autre défi que j'aime relever avec eux au quotidien. Chacun et chacune a son mot à dire, et apporte une touche personnelle sur chaque recette. Juan et ses sauces pimentées, Gustavo et son interprétation de la *moqueca*, Léanne et son baba, Ana et sa babka... Ils me rendent fière, et le tout que nous formons ensemble, ce « nosso » qui m'est si cher, est bien plus grand que la simple somme de nos individualités.

Aujourd'hui, c'est grâce à ce livre, qui m'a fait vivre un voyage intérieur et initiatique inespéré, que je veux recréer un pont entre mon passé et mon présent. Retisser les liens entre le Brésil et la France, entre mes vingt premières années, les vingt suivantes et toutes celles à venir. Je souhaite transformer la souffrance en résilience et, à travers mon histoire et mes recettes, transmettre, donner encore plus et, pourquoi pas, inspirer les générations futures de femmes et de cuisinières.

À la suite des rebondissements de ma vie, l'acte le plus simple qui est celui de donner son nom est devenu pour moi une perpétuelle source de doute et de questionnement. Ma tante Zete m'appelle affectueusement Sandrinha, mes amis d'enfance « Lêlê » ou « Ale », et les Français écorchent souvent mon prénom en remplaçant les « S » par un « X ». Mon grand-père me surnommait sa « princesse aux pieds nus ». Mon passeport brésilien affiche « Alessandra Gomes Barboza », et sur le français, on peut lire « Alessandra Montagne ». Si je suis toutes ces femmes à la fois, ce livre ne peut-il pas être l'occasion de trancher une bonne fois pour toutes ? Je choisis de m'appeler Alessandra Montagne Gomes. Montagne, parce que l'on me connaît ainsi et que c'est celui de ma fille. Gomes, afin de me reconnecter au nom de mes grands-parents et à celui de mon fils.

Je suis la preuve vivante que la cuisine peut être un formidable ascenseur social. C'est cet ascenseur sensoriel qui m'a propulsée dans des sphères que je n'aurais jamais imaginé côtoyer, moi, l'enfant de Poté. En transformant en perle les grains de sable glissés à l'intérieur de ma coquille, j'incarne plus que jamais l'histoire que me racontait mon grand-père.

Dans les pages qui suivent, j'ai voulu vous livrer ma cuisine de cœur : une cuisine vivante et sincère, celle qui raconte mon histoire. À l'image de ma construction en tant que femme noire franco-brésilienne, mon livre ne suit pas une trajectoire linéaire ni une chronologie simple. Il est pensé comme une série d'allers-retours entre la France et le Brésil, entre la ville et la campagne, entre la cuisine familiale et la cuisine gastronomique. Il s'articule autour de quelques grandes familles de recettes, entrecoupées de souvenirs gustatifs à picorer.

CÉRÉALES

Du grain de riz qui se transforme en plat familier à la graine d'idée qui germe vers un projet nourricier, toutes les histoires commencent par une graine. Riz, orge, maïs, blé, elles constituent la base de notre alimentation depuis des millénaires, et sont encore aujourd'hui l'élément central de nos assiettes. Au Brésil, comme dans de nombreuses civilisations, on associe régulièrement les céréales avec des légumineuses, notamment dans notre duo gagnant *arroz-feijão* (riz-haricots). Cette combinaison apporte les acides aminés essentiels qui constituent les protéines, et permet d'avoir une alimentation équilibrée peu carnée et peu chère. J'ai été biberonnée par le riz et le maïs. J'en ai tellement mangé dans les premières années de ma vie que j'ai comme l'impression que ces céréales font partie de mon ADN.

Lá da roça

J'ai toujours été très à l'aise dans la nature. J'aime me balader pieds nus, j'aime randonner, j'aime cueillir des tomates bien mûres et voir grandir les plants de maïs dans les champs l'été. Les abords du *sítio*, la ferme de mes grands-parents, en étaient couverts. Mes premières poupées n'étaient d'ailleurs rien d'autre que des épis de maïs déguisés en petites filles, avec les soies en guise de cheveux et des coupons de tissu pour jupe. Je suis assurément une fille de la campagne, je viens de *lá da roça*. La roça n'a pas vraiment de traduction en français. C'est une zone rurale difficile d'accès, où l'on cultive une agriculture familiale et peu intensive. Pour moi aujourd'hui, être de la roça est presque devenu une revendication, c'est un peu mon « bled » à moi. C'est aussi le fruit d'un long chemin d'acceptation de mon passé.

Dona Maria e Tião Leal

Un regard extérieur et lointain dirait que mes grands-parents m'ont donné une éducation « à la dure ». Ce n'est pourtant pas comme ça que je l'ai vécu. Nous étions nombreux, mais tout en n'ayant aucun superflu, nous n'avons manqué de rien. Certes, je savais que ma grand-mère et mes oncles étaient capables de me courser pour me « corriger » en cas de mauvaise note ou de comportement qu'ils jugeaient inappropriés… J'ai simplement appris à courir plus vite qu'eux, et à trouver les meilleures cachettes !

Ma grand-mère, Maria, était cantinière dans l'école du village le matin, et couturière l'après-midi. Sa mère, une femme indigène, est morte en accouchant d'elle, et son père a été emporté par la tristesse quelques mois plus tard. Ils ont laissé huit enfants en bas âge, recueillis et élevés tant bien que mal dans des familles où ils étaient parfois plus considérés comme des employés domestiques que des enfants. Ce passé a fait de ma grand-mère quelqu'un de très dur avec ses propres enfants. En tant que petite-fille, j'ai été un peu épargnée, je crois. Mon grand-père, Sebastião Leal, que l'on appelait Tião, était destiné à devenir prêtre. En croisant ma grand-mère à Poté, du haut de ses dix-sept ans, il est tombé amoureux d'elle et ils se sont mariés dans la foulée. Il était très généreux et n'hésitait pas, en cachette de ma grand-mère, à piocher dans nos propres provisions pour nourrir ceux qui n'avaient pas les moyens.

L'angu est un plat métis par excellence. Son nom est d'origine africaine (*àgun* en langue fon, parlée au Bénin et au Nigeria), et c'est aussi un dérivé de la polenta italienne. Au Brésil, elle est surtout consommée dans les États de la Bahia et du Minas Gérais. Le maïs frais peut être remplacé par de la farine de maïs, de manioc ou de riz.

ANGU DE MILHO VERDE

Polenta de maïs frais

Pour 6 personnes

6 épis de maïs frais
Sel

Retirez les feuilles et les fils des épis de maïs.

Égrenez-les à l'aide d'un couteau, en coupant les grains à la base de l'épi, dans le sens de la longueur.

Dans un blender, recouvrez les grains de maïs d'eau et mixez longuement jusqu'à l'obtention d'un jus.

Passez le jus au chinois, en pressant bien le maïs pour en retirer tout le liquide.

Dans une casserole, faites cuire le jus à feu moyen en remuant sans cesse, jusqu'à ce que l'amidon du maïs fasse épaissir le mélange. Salez généreusement.

L'angu est cuit lorsqu'il a la consistance d'une polenta crémeuse (il épaissit un peu en refroidissant).

Conseil

Ma tante récupère la pulpe de maïs de cette recette pour en faire des acarajés, délicieux beignets originaires de Bahia, traditionnellement faits à base de haricots blancs et frits dans l'huile de palme rouge.

Ce gâteau était celui de mon goûter en rentrant de l'école. Il y en avait toujours un sur le bord de la table, prêt à être mangé par la ribambelle d'enfants qui allaient et venaient dans la maison. On peut aussi utiliser du maïs en boîte, mais rien ne remplace le goût du maïs frais.

BOLO DE MILHO

Gâteau de maïs

Pour 8 personnes

150 g d'huile neutre
4 œufs
300 g de maïs frais, mixé
300 g de sucre
200 g de farine de maïs
(ou 200 g de farine de maïs
et 3 c. à s. de farine de blé)
3 c. à s. de noix de coco râpée
3 c. à s. de lait de coco
50 g de comté 12 mois
(à la place du queijo minas brésilien)
1 pincée de sel
1 sachet de levure chimique (11 g)

Mettez dans l'ordre tous les ingrédients sauf la levure dans la cuve d'un mixeur.

Mixez 3 minutes puis ajoutez la levure.

Versez l'appareil dans un moule à cake préalablement chemisé et enfournez à 180 °C pendant 15 minutes puis à 170 °C pendant 25 minutes.

Vérifiez la cuisson et laissez encore 5 à 10 minutes jusqu'à ce que la pointe d'un couteau sorte sèche.

PRECISO ME ENCONTRAR

Cartola

Deixe-me ir
Preciso andar
Vou por aí a procurar
Rir pra não chorar
Deixe-me ir
Preciso andar
Vou por aí a procurar
Sorrir pra não chorar

Quero assistir ao sol nascer
Ver as águas dos rios correr
Ouvir os pássaros cantar
Eu quero nascer
Quero viver

J'AI BESOIN DE ME RETROUVER

Cartola

Laissez-moi partir,
J'ai besoin de marcher.
Je vais là-bas pour chercher
à rire, pour ne pas pleurer.
Laissez-moi partir,
J'ai besoin de marcher.
Je vais là-bas, pour chercher
à sourire, pour ne pas pleurer.

Je veux voir le soleil se lever,
voir les eaux des fleuves couler,
écouter les oiseaux chanter.
Je veux naître,
je veux vivre.

L'inspiration vient en mangeant

Lors de mon dernier voyage à Rio, il m'était impossible de ne pas m'arrêter dans le quartier du Jardin botanique. C'est là que se trouve le restaurant, sans plaque ni enseigne, de la cheffe Roberta Sudbrack. Venue du sud du pays, cette femme au parcours incroyable est une référence sur la scène gastronomique brésilienne. Cheffe au palais présidentiel lors des mandats du président Fernando Henrique Cardoso à la fin des années 1990, elle a aussi cuisiné pour les athlètes olympiques de la délégation brésilienne lors des Jeux de Londres. Son propre restaurant a gagné une étoile en un temps record. Après avoir été consacrée meilleure cheffe d'Amérique latine par la revue *Restaurant* et par le classement *The World's 50 Best Restaurants*, elle a décidé de revenir à l'essentiel et de se défaire des hautes sphères de la gastronomie qui avaient fini par l'étouffer. Elle a imaginé son restaurant Sud, o pássaro verde comme une maison aussi accueillante et chaleureuse qu'elle. Tous les plats, inspirés par les recettes de sa grand-mère, y sont cuits au four à bois et servis dans des cocottes à partager.

J'ai eu la chance de découvrir avec elle l'une des plus belles fermes urbaines du pays, chez Fátima, une fée à la main si verte que tout pousse dans son jardin aux allures de jungle enchantée. Cette battante a monté deux fermes en agriculture bio aux abords de Rio et y cultive des micro-pousses et des légumes qui garnissent les paniers des Cariocas bien renseignés et les assiettes des meilleurs restaurants de la ville. Roberta est une véritable inspiration pour moi qui ai tant à cœur de proposer une cuisine sincère, magnifiant les produits en direct de producteurs passionnés.

Burrata, maïs, saucisse : trio gagnant pour cette recette simplissime et délicieuse, que j'ai eu le bonheur de déguster dans le restaurant de Roberta à Rio. L'unique recommandation pour la réussite de cette entrée est d'être particulièrement exigeant sur la qualité des produits. La burrata est meilleure quand elle est faite à base de lait cru entier, tandis qu'une saucisse achetée chez un bon artisan boucher sera idéale. Roberta m'a fait découvrir des merveilles du terroir gastronomique brésilien, à commencer par des fromages locaux et du vin nature à faire pâlir d'envie les Français.

BURRATA, MILHO ASSADO, LINGUIÇA ARTESANAL **avec Roberta Sudbrack**

Burrata au maïs et saucisse grillée

Pour 2 personnes

1 burrata artisanale
100 g de saucisse de porc fermier pimentée
100 g de maïs frais égrené
Quelques jeunes pousses de persil pour le dressage

Coupez la burrata en deux et réservez-la au réfrigérateur.

Retirez la saucisse du boyau et mettez-la au four à bois dans une casserole en fer jusqu'à ce qu'elle soit bien dorée, sans la laisser sécher.

Ajoutez le maïs et mélangez.

Sortez la burrata du réfrigérateur, dressez-la dans des assiettes (côté crémeux vers le haut) et placez le mélange de maïs et de saucisse bien chaud sur le dessus pour créer un contraste de température.

Répartissez les pousses de persil et dégustez.

GAS
TRO
MOTI

« Estaremos sempre juntos,
na família Refettorio,
ninguém larga a mão de ninguém. »

« Nous sommes ensemble,
dans la famille Refettorio,
tout le monde se serre les coudes. »

La solidarité est la plus grande richesse

De Paris à Rio, j'ai trouvé une nouvelle famille avec le Refettorio ! Cette association concentre tout ce qui me fait avancer au quotidien : dans leurs restaurants solidaires éparpillés à travers le monde, on cuisine chaque jour des centaines de repas pour des invités en situation de précarité, à partir d'aliments écartés des circuits de distribution. En somme, on nourrit le corps et on réchauffe les cœurs, tout en luttant contre le gaspillage alimentaire.

Une semaine après avoir cuisiné au Refettorio Paris avec Romain Meder, je me suis retrouvée au Refettorio Rio, accueillie par une équipe formidable. Là-bas comme à Paris, le mot « restaurer » prend tout son sens, nous avons nourri 70 invités, principalement sans domicile fixe ou dans des situations rendues compliquées par la crise sanitaire, en leur proposant un menu entrée-plat-dessert servi à table et avec le sourire. La cerise sur le gâteau ? Il y avait tous les ingrédients dans le garde-manger pour que je prépare mon fameux risotto d'orge aux légumes saisonniers !

L'ortie n'a pas très bonne presse, au jardin comme en cuisine. Pourtant, c'est une herbe qui pousse partout, qui ne coûte rien et qui est excellente pour la santé. J'avais l'habitude de faire cette recette dans mon ancien restaurant, Tempero. Le menu du midi étant à 18 €, je devais donc faire particulièrement attention à mes coûts, tout en servant des plats créatifs et délicieux.

RISOTTO D'ORGE PERLÉ AUX ORTIES

Pour 4 personnes

Pour le risotto
1 c. à c. de poudre de dashi
(ou de bouillon de légumes)
3 échalotes
2 gousses d'ail
20 g de beurre
Huile d'olive
20 cl de vin blanc
500 g d'orge perlé
300 g d'orties
20 cl de crème entière
75 g de parmesan
Sel, poivre

Pour le dressage
Quelques jeunes pousses
Huile de ciboulette
(recette page 190)

Faites chauffer 1 litre d'eau avec la poudre de dashi pour obtenir un bouillon.

Ciselez les échalotes et une gousse d'ail.

Faites chauffer un peu de beurre et d'huile d'olive dans une sauteuse.

Ajoutez les échalotes et l'ail. Mouillez avec un peu de vin blanc et laissez cuire 5 minutes.

Ajoutez l'orge et mélangez. Versez le reste du vin blanc puis mouillez progressivement avec le bouillon, en attendant la complète absorption entre chaque louche.

Pendant ce temps, faites blanchir les orties pendant 3 minutes dans de l'eau bouillante salée. Égouttez-les et plongez-les dans un bain glacé pour fixer la chlorophylle.

Mixez-les avec la crème, du sel, une gousse d'ail et un peu de bouillon dashi.

Une fois l'orge cuit (40 minutes environ, il doit rester un peu *al dente*), ajoutez la crème d'ortie et mélangez.

Râpez le parmesan et incorporez-le au risotto.

Rectifiez l'assaisonnement en sel et poivre si besoin et dressez dans des assiettes creuses.

Décorez avec des jeunes pousses et un peu d'huile de ciboulette (recette page 190).

Vidigal, le retour

Lors de mon passage au Refettorio Rio, j'ai rencontré David Hertz. Cet entrepreneur social qui n'arrête jamais est le cofondateur de l'association Gastromotiva, qui porte le Refettorio et soutient d'autres projets pour faire de la gastronomie un levier de solidarité.

Je lui ai raconté une partie de mon histoire. En apprenant que j'étais née à Vidigal, il a dégainé son téléphone. « Allô, Rafa ? Tu cuisines bien demain pour les enfants de la favela ? OK, tu peux compter sur une cuisinière supplémentaire ! ». Ni une ni deux, j'étais embarquée dans l'une des cuisines partenaires de Gastromotiva, celle que Rafa Antunes a baptisée *cozinha do arrocha* (« cuisine du câlin »), dans sa maison perchée sur le Morro Dois Irmãos (la « colline des Deux Frères ») où se trouve la favela de Vidigal. Nous y avons mijoté, dans la joie et le partage, une petite centaine de repas pour les enfants de la communauté. Pour certains d'entre eux, c'est leur seul vrai repas – équilibré et nourrissant – de la journée. Les inégalités sociales, extrêmement visibles et prégnantes au Brésil, m'ont sauté à la gorge ce jour-là, quand j'observais, émue, la favela depuis le toit-terrasse de Rafa. Cette entrepreneure d'une générosité incroyable croit, comme moi, que la cuisine peut permettre de restaurer les pans de la société les plus cabossés par la vie. Revenir dans cette communauté où je suis née, et cuisiner pour des enfants dont j'aurais pu faire partie il y a quarante ans a été l'un des moments les plus marquants de ma vie de cuisinière.

Dans mon village comme ailleurs au Brésil, le riz et les haricots secs constituent la base de l'alimentation. Chez moi, on les accompagnait toujours de légumes du potager. Quant à la viande, coûteuse, elle n'était pas au menu tous les jours. Avec ce risotto végétarien qui doit son nom à sa couleur (*mulatinho* veut dire « métissé » en portugais), j'ai cherché à rendre un peu plus exceptionnel un plat très populaire : le riz cuit, à la façon d'un risotto, dans le traditionnel bouillon de haricots (*caldinho de feijão*). En mangeant les haricots cuits à côté de ce plat 2-en-1, on obtient un bon apport en protéines végétales.

RISOTTO MULATINHO

Risotto métis

Pour 4 personnes

Pour le caldinho de feijão (bouillon de haricot)
100 g de haricots noirs
1 gousse d'ail
1 oignon
Un morceau de lard fumé (facultatif)
1 feuille de laurier
¼ de botte de persil
¼ de botte de coriandre
1 tomate (2 c. à s. de tomates pelées en hiver)

Pour le risotto
320 g de riz long
1 gousse d'ail
1 oignon
Huile d'olive
30 cl de bouillon de haricots
25 g de beurre
400 g de légumes de saison (j'ai utilisé des brocolis, des carottes, des fèves et du chou-fleur)
Une poignée d'herbes et fleurs sauvages

CALDINHO DE FEIJÃO

Faites tremper les haricots pendant la nuit.

Faites revenir l'ail haché, l'oignon émincé, le lard (facultatif) coupé en brunoise, puis ajoutez les haricots et le laurier.

Couvrez d'eau puis laissez cuire 3 heures à feu doux (ou 30 minutes à la cocotte-minute) jusqu'à ce que les haricots soient tendres.

Cinq minutes avant la fin de la cuisson, ajoutez le persil et la coriandre ciselés, puis les tomates coupées en petits cubes.

À l'aide d'un mixeur plongeant, mixez longtemps jusqu'à l'obtention d'une soupe lisse.

RISOTTO

Émincez l'ail, l'oignon et faites-les revenir dans une sauteuse à feu doux avec de l'huile d'olive. Salez et poivrez.

Ajoutez le riz et mélangez.

Mouillez avec le bouillon de haricots, louche par louche, jusqu'à l'absorption du liquide.

Complétez avec de l'eau jusqu'à ce que le riz soit cuit (15 à 20 minutes environ). En fin de cuisson, ajoutez un beau morceau de beurre pour lier le tout.

En parallèle, faites blanchir les brocolis, le chou-fleur, les carottes et les fèves dans de l'eau bouillante et refroidissez-les dans un bain d'eau glacée.

DRESSAGE

Dressez le riz au centre d'une assiette creuse et disposez les légumes et les plantes comestibles comme un bouquet par-dessus. Ajoutez un peu de caldinho de feijao et d'huile d'olive puis dégustez, avec un bol de haricots si vous le souhaitez.

Conseil

S'il vous reste du caldinho de feijão, vous pouvez le consommer tel quel ou le congeler pour une utilisation future.

Chaque Français jette en moyenne 9 baguettes par an. Saviez-vous qu'une baguette gaspillée, c'est l'équivalent de 150 litres d'eau jetée ? Quand on a un restaurant, le pain gaspillé est un vrai problème, il faut donc être créatif pour l'utiliser. Ce velouté de pain est une super manière de magnifier une baguette oubliée au fond du sac à pain. C'est économique, et tous les condiments (ail, thym, échalote, vin blanc...) lui donnent beaucoup de goût. Avec une raviole végétale aux champignons, c'est un plat réconfortant par excellence pour l'hiver.

RAVIOLE AUX CHAMPIGNONS, CRÈME DE PAIN

Pour 6 personnes

Pour la pâte à raviole
200 g de farine
2 œufs
2 c. à s. d'huile d'olive
1 pincée de sel

Pour la farce
250 g de champignons de Paris rosés
2 c. à s. d'huile de tournesol
1 oignon
½ c. à c. de pâte d'ail et gingembre (recette page 196)
¼ de botte de coriandre
¼ de botte de persil
2 c. à s. de sauce soja
2 c. à s. de mirin
40 g de beurre

Pour la crème de pain
1 baguette rassie
25 cl de lait entier
1 oignon
1 gousse d'ail
1 échalote
15 g de beurre
1 branche de thym
5 cl de vin blanc
5 cl de crème
Sel, poivre

Pour le dressage
Quelques herbes fraîches (cerfeuil, persil, ciboulette...)
Quelques champignons crus

PÂTE À RAVIOLE

Mélangez tous les ingrédients et formez une boule homogène. Laissez reposer 1 heure au réfrigérateur dans du film alimentaire avant de l'étaler très finement (1 ou 2 mm).

Détaillez des cercles de pâte de 12 cm de diamètre (6 ravioles par personne).

FARCE

Frottez les champignons, sans les rincer. Coupez-les en six et faites-les revenir dans l'huile chaude.

Ajoutez tous les ingrédients de la farce et laissez cuire à feu doux pendant 5 minutes.

Laissez refroidir et hachez grossièrement cette farce (il doit rester des morceaux pour conserver de la mâche).

CRÈME DE PAIN

Coupez la baguette rassie en gros morceaux et faites-les tremper dans le lait puis ajoutez de l'eau à hauteur pour la ramollir.

Coupez l'oignon, la gousse d'ail et l'échalote puis faites-les revenir dans une casserole avec un peu de beurre. Ajoutez le thym, le vin blanc et laissez mijoter à feu moyen.

Ajoutez le pain ramolli et recouvrez à hauteur du mélange eau / lait. Salez, poivrez et laissez cuire 15 minutes.

Ajoutez la crème et mixez pour obtenir la texture d'un velouté.

RAVIOLE

Disposez une cuillerée à café de farce au centre de chaque raviole et pliez-les en berlingots comme sur la photo. Faites-les cuire 1 minute dans de l'eau bouillante salée.

DRESSAGE

Dans des assiettes creuses, disposez un peu de crème de pain, les ravioles au centre de chaque assiette, et ajoutez des herbes fraîches et champignons crus.

Conseils

Si vous avez un siphon, mettez-y la crème de pain avec deux cartouches de gaz pour la rendre plus légère. Dressez dans le fond d'une assiette creuse, avec la raviole au milieu.

Si vous manquez de temps, achetez la pâte à raviole dans un magasin de produits asiatiques (pâte à gyoza) !

Cette recette, c'est Anna, ma super collaboratrice chez Nosso qui l'a mise au point. Originaire de Russie, elle l'a trouvée en version sucrée dans un livre de recettes de son adolescence. Après plusieurs essais, elle a trouvé les bonnes proportions pour en faire une brioche salée.

BABKA À LA FETA ET HERBES SAUVAGES

Pour une babka

Pour la pâte à babka
20 g de sucre
80 g de sucre
8 cl de lait entier
14 g de levure boulangère fraîche
1 œuf battu
200 g de farine
5 g de sel
50 g de beurre

Pour la garniture
200 g de feta
1 poignée d'herbes sauvages
(origan, thym, sarriette, romarin…)

Pour la dorure
1 jaune d'œuf
Un peu de lait ou de crème
Sel

PÂTE À BABKA

Mélangez dans la cuve d'un batteur muni du fouet, le sucre, le lait et la levure.

Ajoutez l'œuf battu et incorporez-le pendant 1 minute. Utilisez le crochet et ajoutez la farine et le sel.

Pétrissez à vitesse moyenne pendant 8 minutes.

Incorporez le beurre froid coupé en cubes puis travaillez la pâte jusqu'à ce qu'elle soit homogène.

Laissez pousser 1 h 30 à température ambiante, afin que la pâte double de volume. Dégazez (enlevez les bulles de la pâte) et divisez la pâte en deux pâtons.

Étalez-les dans la longueur sur un petit centimètre d'épaisseur.

Émiettez un bloc de feta et répartissez les herbes sur les deux pâtes.

Faites deux rouleaux avec les pâtes, et coupez chaque rouleau en deux dans le sens de la longueur à l'aide d'un couteau-scie pour ne pas les écraser.

Faites une tresse à quatre brins puis enroulez-les dans un cercle de 15 cm de diamètre. Laissez pousser pendant 1 heure. À l'aide d'un pinceau, dorez avec un mélange de jaune d'œuf battu avec un peu de crème ou de lait et de sel.

Faites cuire à 180 °C pendant 30 à 35 minutes en surveillant.

Badigeonnez d'huile d'olive à la sortie du four pour un résultat brillant.

Conseil

S'il fait froid, mettez votre four en mode étuve (à température minimum) pour aider la pâte à gonfler.

Laissez parler votre imagination pour la garniture : tapenade verte ou noire, gorgonzola, caviar de tomates séchées… Cette recette s'adapte à l'infini !

Les *pastéis* font partie de la culture populaire brésilienne. On adore les manger sur les marchés, frits à la minute et accompagnés d'un *caldo de cana*, le jus fraîchement pressé de la canne à sucre. Ceux de Dona Penha ont le goût de mon enfance à Poté. Elle fait des pastéis en famille depuis des années, sans jamais se lasser ! J'aimais particulièrement ceux au fromage qui file lorsqu'on croque dedans.

PASTÉIS DE QUEIJO DA DONA PENHA

Pastels au fromage de Dona Penha

Pour 20 grands pastéis (ou 100 mini pastéis)

1 kg de farine
650 ml d'eau
1 c. à s. de sel
1 c. à s. d'huile neutre
500 g de fromage (type mozzarella ou autre fromage qui fond bien à la cuisson)
Huile de friture

Mélangez la farine, l'eau, le sel, l'huile neutre et pétrissez jusqu'à l'obtention d'une boule homogène. Laissez reposer la pâte 30 minutes.

Étalez-la très finement (1 à 2 mm d'épaisseur) à l'aide d'un laminoir ou d'un rouleau à pâtisserie.

Coupez de grands rectangles de 25 × 20 cm environ et disposez un morceau de fromage sur chaque moitié de pâte.

Humidifiez les bords de pâte avec de l'eau puis repliez les rectangles en deux dans le sens de la longueur en emprisonnant bien le formage.

Faites frire quelques minutes jusqu'à ce que les pastéis soient bien dorés.

La *coxinha* (« petite cuisse » en portugais) est un snack très répandu au Brésil. On en mange à toute heure, et elle génère une telle passion qu'elle a même une journée officielle, le 18 mai. J'en ai façonné des milliers dans mon adolescence, car j'en vendais à l'école de mon village pour gagner un peu d'argent. Je ne l'ai mise parmi les amuse-bouche de mon restaurant Nosso que très récemment, encouragée par mon second Gustavo (qui adore ça !) et qui me fait progressivement renouer avec mon passé culinaire.

COXINHAS

Pour environ 15 coxinhas

Pour la pâte
500 g de poulet
2 c. à s. de concentré de tomates
400 g d'eau
12 g d'huile de tournesol
50 g de lait entier
250 g de farine
Sel, poivre

Pour la farce
250 g de cream cheese (*requeijao*)
½ botte de coriandre
½ botte de persil
Sel, poivre

Pour la panure
200 g de lait entier
200 g de chapelure brune
Huile de tournesol

PÂTE

Faites revenir la volaille avec le concentré de tomates, mouillez à hauteur et laissez cuire 45 minutes à 1 heure. Débarrassez la volaille et réservez-la.

Pesez 400 g d'eau de cuisson de la volaille, ajoutez une grosse pincée de sel, du poivre, l'huile, le lait et portez à ébullition.

Ajoutez la farine en une fois et faites cuire comme une pâte à chou, jusqu'à l'obtention d'une pâte homogène.

FARCE

Effilochez la volaille puis ajoutez le cream cheese, la coriandre et le persil ciselés. Salez et poivrez.

MONTAGE

Faites une boule de pâte de 30 g et aplatissez-la à la main.

Mettez à l'intérieur 25 g de farce de poulet. Refermez la pâte sur elle-même pour former une boule pointue.

Mettez la pointe vers le bas entre les paumes des mains et façonnez-les comme sur la photo.

Panez les coxinhas en les roulant dans le lait puis dans la chapelure. Répétez l'opération deux fois.

CUISSON

Faites frire les coxinhas dans l'huile de tournesol 2 minutes à 180 °C.

Conseil

N'hésitez pas à assaisonner généreusement le bouillon de volaille car la farine va absorber les goûts.

STAUB

HARICOTS

Les haricots occupent une place prépondérante au Brésil. Il en existe des dizaines de variétés : du classique *feijão carioca* consommé quotidiennement dans le duo *arroz-feijão* (riz-haricots), jusqu'au *feijão fradinho*, petit et blanc, traditionnellement utilisé dans le *baião de dois* typique du Nordeste, et surtout, le *feijão preto,* star de la *feijoada*. La feijoada est l'emblème de la cuisine métissée brésilienne : ragoût de haricots originaire du Portugal, il est consommé avec des ingrédients typiquement brésiliens comme la *farofa* (chapelure de manioc torréfiée), la viande séchée (*carne de sol*) et des oranges juteuses. Historiquement, les esclaves puis les classes les plus modestes de la population remplacèrent la viande, trop chère, par des haricots riches en protéines végétales. L'habitude est restée. Pour les expatriés brésiliens loin du pays comme moi, les haricots sont souvent le plat qui nous manque le plus !

EMMENEZ-MOI

Charles Aznavour

Je fuirais laissant là mon passé
Sans aucun remords
Sans bagage et le cœur libéré
En chantant très fort

Emmenez-moi au bout de la terre
Emmenez-moi au pays des merveilles
Il me semble que la misère
Serait moins pénible au soleil.

André, mon fils, mon phare

Quand je préparais les coxinhas (recette page 56), mon fils André, tout petit, jouait dans mes jupes. J'essayais de le distraire tant bien que mal, et il m'aidait parfois à les rouler dans la panure. Il raffole tellement encore aujourd'hui des coxinhas que c'est devenu un cadeau récurrent pour Noël et son anniversaire. C'était un enfant très volontaire et avec une intelligence hors du commun. J'admire sa détermination et sa résilience. En arrivant en France à neuf ans, il a gardé un lien si fort avec les habitudes culinaires brésiliennes qu'il avait du mal à manger autre chose que de la feijoada, ou simplement du riz accompagné de haricots et d'un morceau de viande. Il n'était pas question de lui donner des carottes cuites ou des coquillettes au jambon comme les enfants français ! La nourriture est souvent le lien identitaire le plus difficile à défaire avec sa culture d'origine. C'est la seule attache qu'André a choisi de garder avec son pays natal.

La *feijoada* est le plat national brésilien. Des haricots secs et du cochon mijotés longuement, c'est notre version du cassoulet, en somme ! Dans un pays qui fait quinze fois la taille de la France, il a le mérite de mettre tout le monde d'accord, du nord au sud. Roboratif, généreux et convivial, c'est le plat qui garnit la plupart des tables familiales brésiliennes le samedi midi. Je l'aime dans sa version la plus traditionnelle, mais certains prennent des libertés avec la recette historique, et c'est tant mieux ! Au Brésil, j'ai ainsi eu la chance de déguster la version revisitée de la cheffe Helena Rizzo, dans son restaurant Maní à São Paulo. Elle utilise une technique bluffante de sphérification pour les haricots.

FEIJOADA COMPLETA

Feijoada complète

Pour 8 personnes

Pour la feijoada

1 kg de haricots noirs secs
4 saucisses fumée (type Montbéliard)
200 g de poitrine de cochon fraîche
150 g de poitrine fumée
1 oignon
4 gousses d'ail
1 tomate (ou ½ boîte de tomates pelées, hors saison)
1 botte de coriandre

Pour les accompagnements

½ chou vert
Huile d'olive
1 gousse d'ail
500 g de riz blanc
2 oranges
100 g de farofa (chapelure de manioc toastée)

BASE DE LA FEIJOADA

Faites tremper les haricots dans 1,5 litre d'eau froide pendant une nuit.

Le lendemain, coupez les saucisses en rondelles. Coupez la poitrine fraîche et la poitrine fumée en cubes de 5 cm environ.

Faites revenir le tout dans une grande casserole (ou une cocotte) pendant 10 minutes à feu moyen.

Émincez l'oignon et deux gousses d'ail puis ajoutez-les à la casserole. Ajoutez les haricots avec l'eau de trempage. Portez à ébullition et laissez cuire à feu doux pendant 3 heures.

ACCOMPAGNEMENTS

Lavez le chou et coupez-le en très fines lamelles. Faites-le sauter à l'huile d'olive avec la gousse d'ail hachée jusqu'à ce qu'il soit tendre.

Faites cuire le riz au rice cooker (ou dans une casserole d'eau salée).

Ôtez la peau des oranges et coupez-les en rondelles.

FINALISATION DE LA FEIJOADA

Vérifiez la cuisson de la feijoada : les haricots doivent être tendres et le jus doit avoir épaissi.

Dans une poêle à part, faites revenir dans une cuillerée à soupe d'huile, les deux gousses d'ail restantes émincées. Quand l'ail commence à colorer, ajoutez la tomate coupée en brunoise et la botte de coriandre ciselée. Ajoutez le tout dans la cocotte et mélangez.

Dégustez la feijoada avec les accompagnements : riz, farofa, chou et oranges.

OPTION VÉGÉTARIENNE

Je prépare parfois une délicieuse version végétale. La base est la même, mais je remplace la viande par de gros morceaux de carottes et de betterave.

STAUB

Cette recette est une alternative idéale à la viande. Les haricots blancs (on utilise les *feijão manteiguinha*, petits haricots blancs brésiliens au goût beurré) contiennent une bonne quantité de protéines, et le laquage de l'aubergine avec la sauce Tempero lui apporte une profondeur et une sapidité supplémentaire.

AUBERGINE LAQUÉE SAUCE TEMPERO, FEIJÃO MANTEIGUINHA

Pour 4 personnes

Pour les aubergines
2 aubergines blanches
Huile d'olive
4 c. à s. de sauce Tempero
(recette page 187)
Sel, poivre

Pour les haricots
1 gousse d'ail
1 oignon
Huile d'olive
500 g de feijão manteiguinha
(ou haricots blancs classiques)
2 feuilles de laurier
2 brins de thym
1 citron
¼ de botte de coriandre
¼ de botte de menthe
¼ de botte de persil plat
Sel

Pour les oignons
2 oignons blancs
Huile d'olive
2 brins de thym citron
Sel, poivre

AUBERGINES

Coupez les aubergines en deux dans le sens de la longueur et quadrillez-les. Assaisonnez-les avec de l'huile d'olive, du sel et du poivre.

Enfournez à 180 °C pendant 30 à 45 minutes en les couvrant avec un papier aluminium. Elles doivent être dorées et fondantes.

Badigeonnez généreusement les aubergines de sauce Tempero et passez-les sous le gril du four pendant 2 minutes.

HARICOTS

Émincez et faites revenir l'ail et l'oignon dans un fond d'huile.

Ajoutez les haricots, le laurier, le thym et couvrez d'eau.

Faites cuire pendant 2 h 30 à couvert, jusqu'à ce qu'ils soient encore un peu fermes mais cuits à cœur. Salez en fin de cuisson. Gardez le jus de cuisson d'un côté et les haricots de l'autre.

Lorsqu'ils sont cuits, mixez les deux tiers des haricots pour en faire une crème lisse, en ajoutant un peu d'eau de cuisson et selon les goûts, une cuillerée à soupe de beurre noisette (recette page 198).

Avec le tiers restant, faites une salade avec un filet d'huile d'olive, les zestes et le jus de citron, les herbes fraîches hachées (coriandre, menthe, persil).

OIGNONS

Émincez très finement les oignons blancs.

Faites-les revenir à feu moyen avec un peu d'huile d'olive, du sel, du poivre et du thym citron.

Laissez-les bien griller avant d'ajouter un peu d'eau et laissez cuire jusqu'à ce qu'ils soient bien confits.

DRESSAGE

Étalez une quenelle de sauce Tempero dans le fond des assiettes.

Ajoutez une moitié d'aubergine et une cuillerée de salade de haricots.

Si vous le souhaitez, à l'aide d'un mixeur plongeant faites une émulsion avec l'eau des haricots et ajoutez-la délicatement sur l'aubergine.

LÉGUMES RACINES

Mandioca, macaxeira, aipim, maniva, castelinha, uaipi, maniveira, pão-de-pobre (« pain du pauvre ») : avec pas moins de dix-sept noms différents pour le même ingrédient, la vedette des racines brésiliennes, c'est le manioc. La versatilité dans ses usages et son haut potentiel nutritionnel a fait de ce tubercule l'un des « aliments du XXIe siècle », selon l'ONU. Au Brésil, on le transforme en fine farine (le *polvilho*) pour en faire des *biscoitos* ou des *pães de queijo*, en petites billes que l'on connaît en France comme le tapioca pour en faire des *dadinhos*, en *farofa* (une chapelure torréfiée) remplaçant le pain pour saucer les plats mijotés, ou encore en frites et en gâteaux. Je ne l'utilise en France que dans sa version sèche car il est difficile de trouver des racines fraîches localement.

Cette recette (prononcez « pan dji queigeo ») est l'une de celles que l'on me demande le plus souvent ! C'est un incontournable de la *street food* brésilienne. Là-bas, on mange ces petits pains au fromage le matin, avec le café. J'ai remarqué que les Français en raffolent pour l'apéro, accompagnés d'une bonne caïpirinha, par exemple. C'est une spécialité de l'État du Minas Gerais où j'ai été élevée, et c'est là-bas que l'on mange les meilleurs, confectionnés avec le *polvilho doce* (la fécule de tapioca) et le fromage *meia cura* (semi-affiné) de la ferme. L'odeur de la pâte à *pao de queijo* me fait instantanément retomber en enfance, dans les cuisines de ma grand-mère qui les faisait si bien.

PÃO DE QUEIJO

Pour une trentaine de pães de queijo (oui, le pluriel de *pão* s'écrit ainsi !)

10 c. à s. d'eau
5 c. à s. d'huile
1 c. à c. bombée de sel fin
400 g de farine de tapioca
(l'équivalent du *polvilho doce*, la fécule de manioc que l'on trouve en France dans les épiceries asiatiques)
1 œuf
1 yaourt nature
200 g de fromage râpé
(j'adore les faire avec du comté 12 mois d'affinage)

VARIANTES

Recette de base, en ajoutant, au choix :

50 g de caviar de tomates séchées à incorporer dans la pâte
50 g de crème de truffe à ajouter dans la pâte
5 g (maximum) de caviar au-dessus de chaque pão de queijo

Faites bouillir les liquides et le sel. Versez le mélange chaud sur la farine de tapioca et laissez reposer 4 minutes.

Ajoutez l'œuf, le yaourt et mélangez bien.

Hachez le fromage râpé et ajoutez-le à la pâte jusqu'à ce qu'il soit bien incorporé.

Faites une trentaine de boulettes de la taille d'une petite balle de ping pong.

Faites cuire 17 minutes à 170 °C. Dégustez chaud !

Conseil

Vous pouvez préparer la pâte en avance et congeler les pães de queijo déjà façonnés. Au moment de les enfourner, disposez-les sur la plaque et faites-les cuire 21 minutes à 170 °C.

Mainha, l'odeur du feu de bois et du linge propre

Après 14 heures de bus depuis Rio sur une route vallonnée et accidentée, il reste encore du chemin avant d'arriver chez Mainha. Le terrain sur lequel sont construites ses deux maisons colorées érigées de plain-pied n'est accessible que par un sentier tortueux de terre rouge. Mon cœur se serre quand je l'aperçois enfin, de loin, ce petit bout de femme qui ne dépasse pas le mètre cinquante. Mainha, ça veut dire « petite mère », et c'est le surnom affectueux que je donne à Dona Aninha, mon ex belle-mère, la grand-mère de mon fils André. Dans les moments de tourmente avec le père d'André, Mainha était un repère pour moi. Elle m'a toujours accueillie chez elle les bras ouverts. Quand j'avais besoin de me retrouver, j'allais souvent me réfugier au-delà du grand manguier, tout au bout du chemin qui mène à la ferme voisine. C'est Mainha qui m'a appris à traire les vaches et à faire du *queijo Minas* (fromage frais), comme à transformer le manioc en *bolo de mandioca,* en *pão de queijo* et en *biscoito de goma*.

Ces biscuits accompagnent les Brésiliens à toute heure de la journée. On en mange un sucré avec le café le matin, on en grignote quelques salés à l'heure du goûter ou pour attendre le repas du soir... Il en existe des dizaines de sortes au Brésil. Mainha, la grand-mère de mon fils André, a choisi de les faire frire, mais il existe aussi une version à cuisson lente au four !

BISCOITOS DE GOMA DA MAINHA

Biscuits à la farine de manioc de Mainha

Version salée
Pour une vingtaine de biscuits

500 g de goma (*polvilho azedo*)
1 c. à c. bien bombée de sel
3 œufs
0,5 litre d'huile de friture

Version sucrée
Pour une vingtaine de biscuits

500 g de goma (*polvilho azedo*)
100 g de sucre
1 pincée de sel
6 œufs
0,5 litre d'huile de friture

VERSION SALÉE

Diluez le sel dans 20 cuillerées à soupe d'eau dans une petite casserole et faites bouillir le mélange.

Versez ce dernier sur la goma et laissez reposer 5 minutes.

Pétrissez la pâte avec les mains et ajoutez les œufs un par un.

Formez des boudins d'une quinzaine de centimètres et faites-les frire dans l'huile bouillante jusqu'à ce qu'ils soient secs et à peine dorés.

VERSION SUCRÉE

Mélangez les ingrédients secs.

Ajoutez les œufs un par un et pétrissez bien jusqu'à l'obtention d'une pâte lisse qui ne colle plus aux doigts.

Faites chauffer l'huile dans une casserole.

Formez des boudins fins et longs d'une quinzaine de centimètres et faites frire les biscuits jusqu'à ce qu'ils soient bien dorés.

Ce gâteau est idéal pour le goûter, avec un café au lait par exemple. Le manioc lui donne une texture légèrement rebondissante qui le rend addictif ! Mainha dit qu'il est cuit « lorsque Dieu nous donne le signal ! » Je conseille aux plus laïcs de le faire cuire une bonne trentaine de minutes.

BOLO DE MANDIOCA

Gâteau de manioc

Pour un gâteau
(moule rond de 26 cm environ)

500 g de manioc frais
50 g de lait entier
1 œuf
50 g de sucre
1 pincée de sel
125 g de beurre

Épluchez et râpez le manioc. Ajoutez le lait.

Mettez l'œuf préalablement battu, le sucre et le sel.

Faites fondre le beurre puis ajoutez-le au mélange.

Versez dans un moule à manqué et faites cuire au four pendant 35 minutes à 180 °C.

Conseil

Vous pouvez ajouter une poignée de noix de coco râpée, pour une variante encore plus brésilienne.

TRISTEZA

Vinicius de Moraes

Tristeza
Por favor vai embora
A minha alma que chora
Está vendo o meu fim

Fez do meu coração
A sua moradia
Já é demais o meu penar

Quero voltar aquela
Vida de alegria
Quero de novo cantar

TRISTESSE

Vinicius de Moraes

Tristesse
S'il te plaît va-t'en
Mon âme qui pleure
Est en train de voir ma fin
Fais de mon cœur ta demeure
C'en est trop de ma peine
Je veux revenir à cette vie de joie
Je veux chanter à nouveau

Terre d'ombres et de contrastes

J'ai vécu mes quatorze premières années d'une existence simple, proche de la nature, entourée de ma famille. Poté est un village chargé de bons souvenirs d'enfance, je me souviens de cette fois où, insouciante, j'avais laissé le courant de la rivière Potezinho emporter le linge que je devais laver pour ma famille... Je n'osais plus rentrer à la maison ! D'autres souvenirs plus sombres ternissent toutefois encore aujourd'hui ma mémoire. Toutes les familles ici traversent des tempêtes personnelles. De la pluie persistante à la tornade qui arrache tout sur son passage, les drames quotidiens sont légion. S'en sortir relève finalement du petit miracle d'avoir esquivé toutes les embûches au travers du chemin.

Ma mère est réapparue au village pour la première fois à mes onze ans, alors que j'avais fini par arrêter de guetter, pleine d'espoir et d'appréhension, le bus qui arrivait une fois par semaine de la grande ville. J'ai encore l'image très nette de ses bottes de cuir et de son pantalon noir qui sont apparus de la voiture de laquelle elle descendait. J'ai su immédiatement que c'était elle, et le choc a été si grand que je suis partie en courant. Je ne voulais pas qu'elle me voit ainsi, poussiéreuse et un peu sauvage, dans une simplicité qui contrastait tant avec son élégance. Elle s'était mariée à un Français, Bernard, qui l'avait encouragée à reprendre contact avec moi. Peu de temps après, elle décidait qu'il fallait que je reçoive une éducation « digne de ce nom » et m'envoyait, à quatorze ans, dans un internat religieux privé à São Paulo. La dissonance avec ce que je connaissais était frappante. Alors que la majorité des élèves était destinée à former l'élite de la société brésilienne, j'étais la seule fille de couleur, issue d'un milieu modeste. C'est entre ces murs que j'ai pris conscience pour la première fois de ma couleur de peau et de mes traits métissés. Ma façon de parler a tout de suite attiré l'attention des autres élèves. Je suis devenue la bête curieuse de l'école, et n'ai pas tardé à subir un harcèlement dont j'ai mis des années à guérir. L'amour de mon village et le cocon qu'il symbolisait face à l'adversité de l'internat ont été mon bouclier.

São Paulo, Mocotó et Rodrigo

Hillary et Lais, qui travaillent à mes côtés, m'avaient glissé, avant que je parte au Brésil : « Il faut absolument que tu ailles rencontrer Rodrigo Oliveira, c'est toi en version homme ! ». Son restaurant, Mocotó, installé dans le quartier de Vila Medeiros dans la périphérie de São Paulo, est une institution de la gastronomie populaire brésilienne, dans ce qu'elle a de plus savoureux et généreux. Originaire du Sertão, zone semi-aride du Nordeste brésilien, la famille de Rodrigo est arrivée à São Paulo pour y faire des affaires et, qui sait, y trouver un avenir meilleur. L'histoire du lieu est chargé des souvenirs de la famille, des recettes mythiques de Seu Zé Oliveira – le père de Rodrigo – et de l'odeur intense du fameux caldo de mocotó (une soupe revigorante à base de mocotó, la gélatine du pied de bœuf, ingrédient typiquement nordestin).

Nous avons été reçus chez Mocotó avec énormément d'attention. Rodrigo et son équipe sont des personnes qui utilisent la cuisine pour changer le monde et alimenter le changement de mentalités sur la restauration de demain. Sur le toit de son établissement, avec une vue imprenable sur la quebrada (« la banlieue ») de São Paulo, je me suis sentie extrêmement reconnaissante de cette rencontre avec Rodrigo, et de la reconnexion qu'elle me permet d'opérer avec la gastronomie si riche de mon pays.

Rodrigo Oliveira

São Paulo, béton et migrations

São Paulo est une ville tentaculaire qui s'étale sur une superficie grande comme dix fois Paris. Ce géant de tours et de béton compte pas moins de onze millions d'habitants et représente le premier bassin économique du pays. La ville a accueilli des vagues successives de migrants, avides de travail et de l'espoir d'une vie meilleure : des nationaux comme la famille Sertaneja de Rodrigo, mais aussi des étrangers, dont de très nombreux Italiens et Japonais au début du siècle dernier, ainsi qu'une grande communauté syro-libanaise, plus récemment. Cette incroyable mixité en a fait la capitale de la culture et de la gastronomie, et l'endroit où de nombreux chefs ont débuté.

C'est le chef Rodrigo Oliveira qui a mis au point cette recette qui est devenue un incontournable de la *comida de boteco* (cuisine de bistrot) brésilienne. Rodrigo est une personne formidable que j'ai eu la chance de rencontrer récemment dans son restaurant de la périphérie de São Paulo : Mocotó. Son restaurant est à son image, chaleureux, accueillant, populaire, et on y mange les meilleurs plats traditionnels du Brésil !

DADINHOS DE TAPIOCA DE RODRIGO OLIVEIRA

Petits cubes de tapioca au fromage

Pour une centaine de petits cubes

300 g de queijo coalho
(fromage type emmental ou gruyère)
250 g de tapioca en grains
(celle que l'on trouve le plus facilement chez nous)
8 g de sel
1 pincée de poivre blanc
500 ml de lait entier
De l'huile de friture

Recouvrez une plaque allant au four (environ 30 × 20 cm) avec du film alimentaire.

Râpez finement le fromage et mélangez-le avec le tapioca, le sel et le poivre jusqu'à ce qu'il n'y ait plus de grumeaux.

Faites bouillir le lait puis versez-le sur le mélange. Mélangez bien jusqu'à ce que la pâte se solidifie.

Étalez-la sur la plaque recouverte de film et tassez uniformément.

Recouvrez de film alimentaire, laissez refroidir à température ambiante avant de mettre au réfrigérateur pendant au minimum 3 heures (et jusqu'à 3 jours).

Coupez des petits cubes de 3 cm de côté et faites-les frire dans un bain de friture à 170 °C jusqu'à ce qu'ils soient croustillants et bien dorés.

Conseil

Dégustez les dadinhos avec une sauce pimentée un peu aigre-douce comme celle à l'ananas de la page 185 ou la sauce Tempero de la page 187.

Vous pouvez aussi congeler les dadinhos crus taillés en cubes et les faire cuire quand vous le souhaitez.

Le vivant, poétique et politique

Franck Ponthier est maraîcher dans l'une des fermes urbaines les plus merveilleuses de France. Située à quelques pas du métro de Saint-Denis Université, Zone Sensible est un projet explorant la culture dans sa double acception artistique et nourricière. J'ai connu Franck lors de la toute première récolte de Zone Sensible, quand mon restaurant Tempero venait à peine d'ouvrir. C'était un véritable coup de cœur professionnel. Depuis, nous travaillons main dans la main, il me fournit en légumes, herbes et fleurs de son jardin poétique, et je lui confie les biodéchets de mes restaurants, qui retournent ainsi à la terre dans une boucle vertueuse. Je lui ai même fait connaître le piment *biquinho,* typique de chez moi, qu'il cultive maintenant au jardin. Je viens régulièrement chez Zone Sensible, pour me ressourcer, m'inspirer ou cuisiner lors d'ateliers avec les femmes du quartier. Loin du brouhaha de la ville et pourtant si proche du béton, j'y trouve de l'apaisement dans l'observation du vivant. En parallèle de mon activité de cuisinière, je me forme à la naturopathie. La cuisine que je défends et la naturopathie ont pour point commun de chercher à prévenir plutôt que guérir, en particulier grâce à l'usage de nombreux végétaux. La carotte et la betterave en font partie, elles contiennent notamment de la vitamine A, excellente pour la peau et le système immunitaire. Ce sont des racines que j'utilise à toutes les sauces, et celles de Franck sont, en toute objectivité, les meilleures du marché !

Cette recette m'est venue en voyant une exposition du peintre Mark Rothko à New York. C'est la première fois que je me suis rendu compte à quel point les couleurs me touchaient, à m'en donner les larmes aux yeux. L'une de ses toiles, d'un magnifique jaune-orangé, m'a fait penser à la couleur de la boutargue, ingrédient que j'adore. Dans cette focaccia, j'ai eu envie de l'associer à la carotte pour en faire un plat monochrome. J'y remplace l'eau par du jus de carotte, pour lui donner une couleur chaude et une texture encore plus moelleuse !

FOCACCIA À LA CAROTTE

Pour une plaque de 25 × 30 cm

510 g de farine blanche
2 c. à c. de sel
10 g de sucre
2 c. à c. de gingembre en poudre
12 g de levure fraîche de boulanger
400 g de jus de carotte
(carottes passées à la centrifugeuse, gardez la pulpe pour la recette de gâteau page 96)
4 c. à s. d'huile d'olive

Pour le dressage
Boutargue (œufs de mulet séchés et fumés)
Purée de carotte
Feuilles d'oxalis (facultatif)
Œufs de truite

Mélangez les ingrédients secs : farine, sel, sucre et gingembre en poudre.

Émiettez la levure de boulanger dans un peu de jus de carotte pour la dissoudre et ajoutez-la aux ingrédients secs.

Ajoutez une cuillerée à soupe d'huile et le reste du jus de carotte.

Pétrissez jusqu'à l'obtention d'une pâte homogène et assez humide.

Couvrez d'un film alimentaire et réservez au réfrigérateur entre 12 et 18 heures.

Sortez la pâte puis étalez-la sur une plaque préalablement huilée. Laissez reposer 2 heures à température ambiante.

Une fois reposée, faites des trous dans la pâte avec les doigts et répartissez deux cuillerées à soupe d'huile d'olive sur le dessus.

Faites cuire au four à 220 °C pendant 20 minutes environ, jusqu'à ce que la croûte prenne une belle couleur.

DRESSAGE

Répartissez les garnitures de votre choix (roquette, mozzarella, jambon sec...).

Chez Nosso, on y met des points de purée de carotte, de la boutargue finement tranchée, des feuilles d'oxalis pour l'acidité et quelques œufs de truite.

VARIANTE

J'adore mettre des fleurs ou herbes séchées au-dessus de la focaccia ou râper du brie noir en sortie de four.

Équivalent du *carrot cake* nord-américain, le *bolo de cenoura* est un dessert très populaire au Brésil. Chez Nosso, on utilise les restes solides de la carotte centrifugée (dont le jus est cuisiné pour la focaccia de la page 94) pour préparer ce gâteau de mon enfance. On peut même recouvrir le gâteau de chocolat fondu (*cobertura de chocolate*) pour une version encore plus gourmande. Ma grand-mère n'était pas très adepte de chocolat, alors on le laissait tout simple, comme dans cette recette.

BOLO DE CENOURA

Moelleux aux carottes

Pour 1 cake

250 g de carottes râpées (ou les restes de carottes de la centrifugeuse)
2 œufs
70 g de sucre en poudre
35 g de farine
1 sachet de levure
60 g de poudre de noisettes
70 g de poudre d'amandes
1 pincée de sel
25 ml d'huile (colza ou tournesol)
1 pincée de cannelle
ou de gingembre en poudre
30 g de sucre roux pour le moule
15 g de poudre de pain rassis
(recette page 196)

Préchauffez le four à 180 °C.

Fouettez les œufs et le sucre pour les blanchir.

Ajoutez la farine, la levure, la poudre de noisettes, la poudre d'amandes et le sel.

Mélangez, puis ajoutez l'huile, la cannelle, le gingembre et les carottes râpées.

Beurrez ou huilez un moule à cake et saupoudrez-le de sucre roux.

Enfournez 30 à 40 minutes en vérifiant la cuisson à l'aide d'un pique en bois.

Laissez refroidir et déroulez le gâteau en le retournant sur un plat.

Conseil

Prenez des carottes bio, pour ne pas avoir besoin de les éplucher.

Je suis fan de betterave et je voulais imaginer une recette végétale qui la mette à l'honneur, à un moment où je ne mangeais presque plus de viande. Je trouve que la betterave est idéale pour remplacer la viande, dans de nombreuses préparations. On l'utilise aussi dans la variante végétarienne de la feijoada (recette page 66).

TARTARE DE BETTERAVE, CRÈME DE CHÈVRE

Pour 4 personnes

400 g de betterave crue (ou déjà cuites, pour gagner du temps)
1 poignée de foin
Huile d'ail (recette page 190)
Quelques brins de persil plat,
Quelques brins de ciboulette
1 cébette
1 citron
60 g de fromage de chèvre
25 g de crème épaisse
40 g de crème liquide à 35 % de MG
1 c. à s. d'huile d'olive
Sel, poivre

Pour le dressage
1 poignée d'herbes
(persil, ciboulette, cerfeuil)
Quelques pétales de fleurs de pensée
½ citron jaune

Faites cuire les betteraves emballées dans du papier aluminium à 170 °C pendant 1 heure.

Coupez-les en cubes (mirepoix), comme un tartare de bœuf.

Fumez la betterave dans un récipient en inox placé sur la grille du barbecue en disposant le foin au milieu des braises.

Assaisonnez avec l'huile d'ail, du sel, du poivre, le persil plat, la ciboulette et la cébette ciselées, les zestes et le jus du citron.

Réservez au frais.

Dans une casserole, faites fondre le fromage de chèvre dans le mélange de crème liquide et crème épaisse. Ajoutez l'huile d'olive.

Laissez refroidir puis versez la crème obtenue dans un siphon, muni de deux cartouches.

DRESSAGE

Dressez un cercle de tartare de betterave au centre de l'assiette, ajoutez délicatement le siphon de chèvre sur le dessus et terminez avec les herbes, les pétales de fleur et du zeste de citron.

Conseil

Si vous n'avez pas de siphon, vous pouvez utiliser un batteur pour monter la crème comme une chantilly.

C'est la cheffe Adeline Grattard qui m'a appris à faire des bao. J'ai eu la chance de travailler dans son restaurant Yam'Tcha pendant quelques mois. J'adore la betterave, son goût et sa couleur, et je voulais les retrouver dans ce petit pain chaud cuit à la vapeur. J'ai mis au point cette recette pour le festival Taste of Paris, et nous en avons servi pas moins de 1400 portions ce jour-là !

BAO À LA BETTERAVE, CAVIAR

Pour 15 bao

Pour la pâte
170 g de jus de betterave
12,5 g de levure fraîche
17,5 g de sucre
3 g de levure chimique
300 g de farine
5 g de sel
10 g d'huile
30 g de beurre

Pour la farce
1 échalote
1 gousse d'ail
Huile d'olive
Pulpe de betterave
(récupérée de la centrifugeuse
ou 200 g de betterave cuite)
4 c. à s. de riz cuit
¼ de botte de persil
½ citron jaune

Pour le dressage
½ petites c. de caviar (facultatif)

PÂTE

Délayez la levure fraîche dans le jus de betterave. Ajoutez le sucre et la levure chimique.

Incorporez la farine et le sel.

Ajoutez l'huile et le beurre puis pétrissez jusqu'à l'obtention d'une pâte homogène.

Laissez pousser pendant 1 heure.

FARCE

Ciselez l'échalote et l'ail puis faites-les revenir à la poêle dans une cuillerée à soupe d'huile.

Ajoutez la pulpe de betterave et un peu d'eau jusqu'à ce qu'elle soit cuite.

Versez le riz cuit et mélangez bien.

Débarrassez puis écrasez le tout à l'aide d'une fourchette.

Hachez le persil et ajoutez-le à la farce refroidie.

Assaisonnez de sel, de poivre et de zeste de citron.

DRESSAGE

Façonnez des boules de pâte de 20 g puis aplatissez-les en disques.

Ajoutez une cuillerée de farce au centre de chaque disque et refermez en boule hermétique.

Laissez pousser à nouveau pendant 45 minutes.

Faites cuire les bao à la vapeur pendant 11 minutes.

Si vous le souhaitez, servez-les avec un peu de caviar sur le dessus.

J'ai commencé à faire cette tatin pendant le confinement, pour proposer une offre à emporter originale et facile à manger. Les clients ont adoré, je l'ai donc gardée dans mon cahier de recettes. C'est une bonne manière de faire aimer le navet !

TATIN DE NAVET

Pour une tatin de 8 personnes

Pour la pâte feuilletée

250 g de farine
100 g d'eau froide
30 g de beurre fondu
6 g de sel
200 g de beurre de tourage bien froid (un beurre moins riche en eau que le beurre classique)

Pour la garniture

1 kg de navet
3 g de thym-citron
3 g de romarin
150 g beurre
Sel, poivre

PÂTE FEUILLETÉE

Faites une détrempe (une pâte servant de base au feuilletage) en mélangeant la farine, l'eau, le beurre fondu et le sel.

Étalez la pâte en un grand carré de 1 cm d'épaisseur.

Étalez également le beurre pour qu'il forme un carré légèrement plus petit que celui de pâte.

Déposez le carré de beurre sur le carré de pâte et enfermez-le en repliant les bords de la pâte sur le beurre. Pliez les bords vers l'intérieur en portefeuille (tour double) et laissez reposer au réfrigérateur. Étalez la pâte en longueur et pliez à nouveau en un tour double. Laissez reposer et renouvelez une dernière fois l'opération.

Étalez la pâte et découpez des rectangles à l'aide d'un couteau bien tranchant.

Faites cuire les rectangles 21 minutes à 170 °C, entre deux plaques recouvertes de papier sulfurisé.

GARNITURE

Rincez puis à l'aide d'une mandoline, coupez très finement les navets à 1 mm d'épaisseur environ. Coupez très finement le thym-citron et le romarin.

Clarifiez le beurre : faites-le fondre à feu doux, laissez décanter puis séparez la partie liquide de la partie résiduelle (la caséine et le lactosérum).

Recouvrez le fond d'un moule à manqué de papier sulfurisé du même diamètre.

À l'aide d'un pinceau, badigeonnez le papier sulfurisé de beurre clarifié (partie liquide).

Disposez une première couche de navet, puis parsemez de sel, poivre, romarin et thym-citron haché.

Renouvelez l'opération en badigeonnant de beurre clarifié au pinceau toutes les 3 ou 4 couches de navet. Terminez par une fine couche de beurre. Tassez bien le tout, et faites cuire au four 45 minutes à 180 °C.

Laissez refroidir une nuit et démoulez le lendemain.

MONTAGE

Détaillez des rectangles de navet cuit de la même taille que les rectangles de pâte feuilletée et posez-les par-dessus pour obtenir les tatins. Servez.

Conseil

Si vous utilisez des navets nouveaux, servez-vous des fanes pour en faire un pesto, en les mixant avec de l'huile d'olive, des pignons et du parmesan.

J'aime servir ce duo de céleri au restaurant à la place du porc confit pour celles et ceux qui ne souhaitent pas manger de viande. La cuisson en croûte de pain et la sauce Tempero donnent beaucoup de profondeur au céleri cuit au four, tandis que le beurre noisette apporte énormément de gourmandise à la mousseline.

CÉLERI EN TEXTURES

Pour 6 personnes

Pour le céleri en croûte de pain
500 g de farine
1 céleri-rave

Pour la mousseline de céleri
1 gousse d'ail
1 oignon
1 céleri-rave
Huile d'olive
10 cl de crème liquide à 35 % de MG
50 g de beurre noisette
(recette page 98)
Sel

Pour le dressage
6 c. à s. de sauce Tempero
(recette page 187)
Quelques jeunes pousses

CÉLERI EN CROÛTE DE PAIN

Faites une pâte à pain en mélangeant la farine avec environ 25 cl d'eau. Ajustez la quantité si besoin, pour obtenir une pâte lisse et qui ne colle plus aux mains.

Lavez un céleri et enrobez-le dans la pâte à pain.

Faites cuire le céleri entier au four pendant 1 heure à 170 °C.

MOUSSELINE DE CÉLERI

Émincez l'ail et l'oignon. Lavez le céleri, épluchez-le et coupez-le grossièrement en cubes.

Faites revenir l'ail et l'oignon dans un peu d'huile d'olive puis ajoutez les dés de céleri.

Versez un demi-litre d'eau environ, salez et laissez cuire 25 minutes jusqu'à ce qu'il soit bien tendre.

Mixez longuement le céleri avec un peu d'eau de cuisson, la crème et le beurre noisette.

DRESSAGE

Une fois cuit, ôtez la croûte de pain du céleri et coupez-le en beaux morceaux rectangulaires comme sur la photo.

À l'aide d'un pinceau, badigeonnez de sauce Tempero toutes les faces et faites-les griller 5 à 6 minutes au four à 200 °C.

Servez avec une belle quenelle de mousseline de céleri et quelques jeunes pousses.

Je m'amuse à marier les produits nobles avec ceux qui le sont moins. Mais pour moi, le produit noble de la recette, c'est la pomme de terre ! Si je devais choisir entre 1 kg de patates et 1 kg de caviar, je choisirais toujours la première option, plus nourrissante et nourricière. J'utilise un caviar dont la chair des poissons est valorisée, au lieu d'être jetée, comme dans beaucoup de cas. La salinité du caviar se marie parfaitement bien avec la pomme de terre.

MOUSSELINE DE POMMES DE TERRE AU BEURRE FUMÉ ET CAVIAR

Pour 6 personnes

1 poignée de charbon pour barbecue

Pour le beurre grillé
175 g de beurre
50 g de crème crue
50 g crème liquide à 35 % de MG
½ citron
Sel

Pour la mousseline
500 g de pommes de terre type Bintje
225 g de crème liquide à 35 % de MG
50 g de beurre
1 grosse pincée de sel

Pour le dressage
60 g de caviar
Huile de ciboulette (recette page 190)

BEURRE GRILLÉ

La veille, faites chauffer le charbon à l'aide d'un chalumeau jusqu'à ce qu'il soit ardent.

Faites fondre le beurre dans une petite casserole. Jetez les braises dans le beurre chaud et couvrez immédiatement.

Laissez infuser hors du feu toute la nuit.

Le lendemain, faites remonter le beurre en température et passez-le au chinois.

Laissez complètement refroidir le beurre puis coupez-le en cubes.

Faites chauffer la crème crue et la crème liquide ensemble. Ajoutez petit à petit les cubes de beurre et mixez à l'aide d'un mixeur plongeant pour obtenir la texture d'une crème au beurre.

Quand il est bien émulsionné, ajoutez du jus de citron et du sel selon vos goûts.

Mettez de côté.

MOUSSELINE

Épluchez et faites cuire les pommes de terre départ eau froide dans une grande casserole jusqu'à ce qu'elles soient tendres. Passez-les au moulin à légumes.

Dans un blender, mettez la pulpe avec le beurre, la crème et le sel jusqu'à l'obtention d'une texture bien mousseuse.

DRESSAGE

Faites chauffer à la casserole la mousseline de pommes de terre et dressez-la dans des assiettes creuses.

Ajoutez une cuillerée à soupe de beurre grillé par assiette et une petite quenelle de caviar.

Terminez par quelques gouttes d'huile de ciboulette.

Conseil

Si vous en avez un, utilisez un siphon avec 2 cartouches de gaz (au lieu du blender) pour obtenir une texture encore plus aérienne de la mousseline de pommes de terre.

LÉGUMES-FEUILLES & LÉGUMES-FRUITS

Le Minas Gerais, terroir nourricier

L'État du Minas Gerais est grand comme la France. Il est connu au Brésil pour être celui où l'on mange le mieux. C'est la patrie du pão de queijo, du *tutu de feijão* (un ragoût de haricots bruns), du café, et des légumes les plus frais du pays ! Au marché de Poté, je croise toujours de la famille plus ou moins proche ou des anciens camarades de classe déballant les légumes de leur jardin sur de petits étals couverts de nappes colorées. Ce marché couvert à taille humaine est destiné à la production familiale et paysanne locale. J'aime y choisir les gombos, les épis de maïs et les choux les plus fermes. Je me rends d'autant mieux compte de la richesse de mon terroir mineiro depuis ma rencontre avec les chefs brésiliens parmi les plus influents. Ils valorisent et cuisinent de plus en plus les produits fermiers de qualité avec lesquels j'ai eu le bonheur de faire mon éducation alimentaire. Je suis touchée de constater ce retour aux produits bruts, dans un pays où l'agro-industrie et ses produits ultra transformés inondent les marchés !

MERCADO
UNICIPAL

J'ai toujours eu des obsessions alimentaires, je suis capable de manger la même chose pendant des jours et n'avoir envie de rien d'autre. Quand j'étais petite, je suis restée longtemps obsédée par cette recette très simple et rustique, faite à partir de bananes pas mûres. Je la réclamais si souvent à ma tante Zete qu'un jour, mon oncle Davi a tapé du poing sur la table en criant « ça suffit maintenant avec cette satanée soupe ! ». Depuis, c'est resté une recette marquante, et une blague récurrente.

SOPA DE BANANA VERDE

Soupe de banane verte

Pour 4 personnes

10 bananes vertes
1 gousse d'ail
1 c. à s. de saindoux
(ou d'huile de coco)
50 cl de bouillon de volaille
(recette page 196)
2 brins de coriandre
½ botte de ciboulette
Sel

Pelez et coupez les bananes en morceaux. Plongez-les au fur et à mesure dans de l'eau froide pour éviter qu'elles ne s'oxydent.

Émincez la gousse d'ail et faites-la revenir avec une pincée de sel dans le saindoux.

Ajoutez les morceaux de bananes et remuez.

Versez le bouillon de volaille et de l'eau si nécessaire pour couvrir les bananes.

Faites mijoter à couvert environ 20 minutes jusqu'à ce que les bananes soient bien fondantes.

Hachez la coriandre et la ciboulette puis répartissez-les sur le dessus de la soupe avant de la servir encore fumante.

Le gaspacho est l'entrée estivale idéale. Rapide, sans cuisson et désaltérante, c'est tout ce que notre corps réclame quand le mercure augmente. Les abricots lactofermentés ainsi que leurs jus apportent de l'acidité mais aussi des probiotiques nécessaires à la bonne santé intestinale.

GASPACHO DE MELON, ABRICOT LACTOFERMENTÉS ET PORTO BLANC

Pour une entrée pour 5 personnes

1 melon (environ 420 g)
20 g de porto blanc
25 g d'abricots lactofermentés (recette page 116)
25 g de jus de fermentation d'abricot
Huile d'olive
Sel, poivre

Faites une vingtaine de billes dans le melon à l'aide d'une cuillère parisienne.

Récupérez le reste de la chair et mixez-la avec tous les ingrédients.

Assaisonnez de sel, de poivre et d'huile d'olive selon vos goûts.

Dressez dans des assiettes creuses en versant le gaspacho sur les billes de melon préalablement disposées.

Conseil

Dégustez ce gaspacho le lendemain, il sera encore meilleur.

Cette recette vient de la famille de Lais, la cheffe de mon restaurant Dana, dans le 8e arrondissement de Paris. Sa grand-mère Minerva a fui la Syrie dans les années 1920 pour arriver dans la Zone Sud de São Paulo. Minerva faisait cette recette quand Lais était petite, c'est elle qui lui a transmis le goût de la cuisine, en lui offrant un livre de recettes pour ses 8 ans. Maintenant qu'elle est cheffe, elle propose une relecture plus moderne de ces aubergines typiques de la cuisine syrienne.

AUBERGINES FERMENTÉES

Pour un bocal de 1,5 litre

1 kg d'aubergine
50 g de sel
3 gousses d'ail
10 g de poivre en grain
4 branches de thym citron
2 feuilles de laurier
50 g de noix
Huile d'olive (assez pour couvrir les aubergines)

Coupez les aubergines en deux dans le sens de la longueur.

Faites des trous dans la chair des aubergines à l'aide d'un pique à brochettes et salez-les généreusement.

Laissez pénétrer le sel pendant au moins 2 heures et demi.

Faites cuire les aubergines à la vapeur jusqu'à ce qu'elles soient tendres. Laissez-les refroidir.

Pressez les aubergines sous un poids (placez un plat lourd par-dessus un torchon par exemple) et laissez-les au réfrigérateur pendant une nuit pour retirer toute l'humidité.

Disposez les aubergines dans des bocaux stérilisés et ajoutez les autres ingrédients (ail, poivre, thym-citron, laurier, noix).

Recouvrez d'huile d'olive, fermez hermétiquement les bocaux et laissez fermenter au moins 20 jours.

Veillez à ce que les aubergines soient toujours bien recouvertes d'huile et ajoutez-en si besoin, en cours de fermentation.

Conseil

Consommez les aubergines ainsi, comme des antipasti, ou en accompagnement d'une viande en les passant 10 minutes au four.

Alain Ducasse m'avait appelée dans le cadre de la soirée Good France, proposant de me donner carte blanche pour le plat principal d'un repas cuisiné à huit mains avec d'autres chefs (dont Guy Savoy et Gérald Passédat). Alors que pour préparer un repas pour 150 convives, je ne disposais que de quelques mètres carrés dans la cuisine de Tempero, Alain Ducasse m'a mise en relation avec Romain Meder, qui était alors chef du Plaza Athénée. J'ai passé une journée en cuisine avec lui pour y faire ma mise en place. Depuis, je suis régulièrement en contact avec ce chef dont j'admire la singularité et la générosité. Avec lui j'ai beaucoup appris sur les techniques de lactofermentation. Il m'a même donné des souches de kéfir et de kombucha pour en faire à mon tour.

COURGE, CLÉMENTINE, KÉFIR **avec Romain Meder**

Pour 4 personnes en entrée

Pour le kéfir
200 g de graines de kéfir de fruits
(en magasin bio ou via le troc)
4 c. à s. de sucre
1 citron bio
2 figues séchées
2 litres d'eau

Pour les pickles de piment
100 g de piments biquinho
(piment goutte d'eau)
250 g de vinaigre
10 g de sucre

Pour la courge butternut et clémentines
1 kg de courge butternut
Huile d'olive
2 clémentines
½ oignon rouge
2 brins de persil plat
2 brins de coriandre
1 feuille de clémentine
1 citron (facultatif)
Sel, poivre

KÉFIR

Une semaine avant, dans un bocal en verre, réunissez tous les ingrédients et recouvrez d'une compresse. Laissez fermenter 48 heures à température ambiante.

Filtrez le liquide et versez-le dans un contenant hermétique puis laissez reposer à nouveau à température ambiante pendant 48 heures. Placez ensuite au minimum 72 heures au réfrigérateur.

Conservez les graines de kéfir pour renouveler la recette.

PICKLES DE PIMENT

Une semaine avant, mettez les piments dans un bocal. Faites bouillir le mélange vinaigre / sucre puis versez dans le bocal et fermez hermétiquement. Utilisez au bout d'une semaine.

COURGE BUTTERNUT ET CLÉMENTINES

Le jour même, épluchez et coupez la courge butternut en gros cubes. Mettez-les dans un récipient, et assaisonnez d'huile d'olive, de sel et de poivre.

Mettez dans un plat allant au four et enfournez à 170 °C pendant 20 minutes. Réservez au chaud.

Pelez à vif les clémentines et prélevez les segments. Épluchez et coupez l'oignon rouge en julienne (fins batônnets), réservez.

Effeuillez le persil et la coriandre, ciselez-les finement ainsi que la feuille de clémentine.

Dans un cul-de-poule, mélangez la courge encore chaude avec les segments de clémentines, la julienne d'oignon, les herbes ciselées et la feuille de clémentine émincée.

Salez, poivrez, ajoutez le jus de citron si besoin et un peu d'huile d'olive.

DRESSAGE

Dans une assiette creuse, mettez la garniture, ajoutez quelques pickles de piments et arrosez le tout de kéfir.

Je considère William Ledeuil (à gauche) et Romain Meder (à droite) comme des cuisiniers particulièrement ouverts sur le monde. Avides d'apprendre et de transmettre, ils font preuve d'une grande conscience du vivant et d'un respect infini pour le produit.

J'ai un souvenir très net de mes premiers jours d'apprentissage chez William Ledeuil. Je sortais tout juste de formation en cuisine, et il m'a demandé de tailler des champignons en duxelles. Je devais en couper très finement des cagettes entières avant de pouvoir passer à autre chose. J'avais une telle soif d'apprendre que je m'y suis attelée avec toute la bonne volonté du monde et en quelques jours, j'y parvenais en une paire d'heures. Je suis fascinée par la justesse des assaisonnements et la cuisine très végétale de William Ledeuil. Je suis très fière d'avoir appris le métier à son côté !

RAVIOLES AUX CHAMPIGNONS, ÉPINARD ET BEURRE BLANC AUX ALGUES **avec William Ledeuil**

Pour 4 personnes

Pâte à ravioles (recette page 50)
1 jaune d'œuf

Pour la farce
5 beaux champignons de Paris
3 c. à s. d'huile d'olive
2 gousses d'ail épluchées
3 c. à s. de lait de coco
300 g de pousses d'épinard
½ botte de ciboulette
3 tiges de coriandre
Sel, poivre

Pour le beurre blanc au gingembre
5 cl de vin blanc
3 c. à s. de vinaigre de riz
3 c. à s. de vinaigre balsamique blanc
2 échalotes
30 g de gingembre
5 cl de bouillon de légumes
80 g de beurre d'algues

Pour le dressage
30 g de gochujang (condiment pimenté coréen)
Quelques feuilles de rau ram (coriandre vietnamienne)
Quelques feuilles de mini oseille

FARCE

Coupez les pieds des champignons de Paris, lavez-les et émincez-les. Dans une poêle, faites chauffer 2 cuillerées à soupe d'huile d'olive avec une gousse d'ail épluchée.

Assaisonnez et faites sauter les champignons. Lorsqu'ils ont rendu leur eau, ajoutez le lait de coco et faites-le réduire. Les champignons doivent être bien enrobés. Hachez-les grossièrement et laissez refroidir.

Lavez et équeutez les pousses d'épinard. Faites-les tomber dans une poêle avec 1 cuillerée à soupe d'huile d'olive chaude en mélangeant à l'aide d'une fourchette au bout de laquelle vous aurez piqué une gousse d'ail. Assaisonnez. Débarrassez et faites refroidir immédiatement sur un lit de glace.

Hachez les épinards grossièrement et mélangez-les avec les champignons de Paris, la ciboulette émincée et la coriandre effeuillées (conservez un tier des feuilles de coriandre pour la finition du plat).

MONTAGE

Disposez les feuilles de pâte à raviole sur le plan de travail. À l'aide d'un pinceau, badigeonnez les bords de jaune d'œuf détendu avec un peu d'eau.

Déposez une cuillerée de farce au centre de chaque feuille. Repliez en deux pour former une demi-lune et pressez les bords entre eux pour bien fermer le ravioli.

BEURRE BLANC AU GINGEMBRE

Versez le vin blanc et les vinaigres dans une casserole. Ajoutez les échalotes ciselées, le gingembre haché et le bouillon de légumes. Portez à ébullition et faites réduire d'un tier. Incorporez le beurre d'algues en morceaux en fouettant bien. Réservez au chaud.

DRESSAGE

Faites cuire les ravioles 3 minutes à la vapeur dans un panier en bambou. Disposez-les dans les plats, nappez-les avec un peu de gochujang. Servez avec le beurre blanc au gingembre et parsemez de coriandre fraîche, de rau ram et de feuilles de mini oseille.

LAFONT

SONHO MEU

Dona Ivone Lara

Sonho meu, sonho meu
Vai buscar quem mora longe, sonho meu
Sonho meu, sonho meu
Vai buscar quem mora longe, sonho meu

Vá mostrar essa saudade, sonho meu
Com a sua liberdade, sonho meu
No meu céu, a estrela guia se perdeu
E a madrugada fria só me traz melancolia
Sonho meu

MON RÊVE

Dona Ivone Lara

Mon rêve, mon rêve
Va chercher celui qui habite loin
Mon rêve
Va lui montrer ma nostalgie
Mon rêve
Avec ta liberté
Mon rêve
Dans mon ciel l'étoile polaire s'est perdue
Le petit matin froid ne m'apporte que mélancolie
Mon rêve

Premiers pas dans le métier

Moi qui cuisinais alors à l'instinct et seulement pour mes proches, j'ai pris, à trente-et-un an, la décision de passer mes diplômes de cuisine et de pâtisserie pour acquérir les bases de la gastronomie française et me sentir ainsi plus légitime.

Après mon CAP, je suis allée chercher du travail, avec ma fille Thaïs dans la poussette. Allant de refus en refus dans mes recherches d'emploi, j'ai alors compris qu'en tant que femme étrangère de plus de trente ans, maman d'un enfant en bas âge, il fallait que je redouble d'efforts pour m'en sortir. À quelques exceptions près, les premiers stages ont été éreintants physiquement et psychologiquement. William Ledeuil et Adeline Grattard ont fait partie de ceux qui ont accepté ma situation et qui m'ont mis le pied à l'étrier de la profession. Toutefois, c'est en prenant la décision d'ouvrir Tempero, mon propre restaurant avec le père de Thaïs que j'ai trouvé, non sans travail et sacrifices, un meilleur équilibre entre ma vie professionnelle et ma vie personnelle. Tempero était un restaurant de poche rue Clisson, dans le 13e arrondissement de Paris, à quelques pas de notre logement de l'époque. On y proposait une cuisine sans prétention, toujours fraîche, saisonnière et locavore, à prix très accessible. Je me souviens encore du premier service, on était tellement peu sûrs de nous et persuadés qu'il n'y aurait personne, que l'on n'a même pas pensé à embaucher un serveur. Quand on a ouvert le rideau à midi, il y avait la queue devant le restaurant !

Je ne voulais pas faire un œuf parfait que l'on a déjà beaucoup vu dans les restaurants. J'aime la simplicité et la gourmandise de l'œuf mollet, avec son blanc ferme mais son jaune coulant. J'y apporte un peu de texture avec la panure frite, et l'onctuosité végétale du vert de poireau que je ne jette jamais.

ŒUF MOLLET FRIT, CRÈME DE VERTS DE POIREAUX

Pour une entrée pour 4 personnes

Pour la crème de poireaux
Vert de 2 poireaux
1 gousse d'ail
1 morceau de gingembre frais
5 cl d'huile d'olive

Pour les œufs mollets frits
4 gros œufs bio + 1 pour la panure
Un peu de farine
Chapelure
Huile de friture (tournesol ou pépins de raisin)
Sel

Pour le dressage
Pickles de graines de moutarde (recette page 194)
Zestes de citron
Fleurs comestibles (facultatif)

CRÈME DE POIREAUX

Faites cuire le vert de poireaux dans de l'eau bouillante salée jusqu'à ce qu'ils soient tendres.

Mixez-les longuement avec la gousse d'ail, le gingembre, du sel et l'huile d'olive.

Passez au chinois (tamis fin) pour obtenir une crème bien lisse.

ŒUFS MOLLETS FRITS

Faites cuire les œufs 5 minutes 30 (à température ambiante, 6 minutes s'ils sortent du réfrigérateur) dans de l'eau frémissante.

Refroidissez-les dans un bain d'eau glacée pour arrêter la cuisson.

Écalez-les délicatement puis panez-les : trempez-les dans la farine, puis dans l'œuf battu et enfin dans la chapelure.

Faites-les frire pendant 1 minute 10 dans l'huile bien chaude.

DRESSAGE

Dressez la crème de poireaux dans le fond des assiettes, un œuf par-dessus, et disposez les pickles, les zestes de citron et les fleurs comestibles.

J'ai toujours profité de la courte saison des asperges pour la cuisiner dans des entrées variées. C'est un légume qui se marie très bien avec le fromage. Comme beaucoup de brésiliens, Gustavo Galvão (mon second chez Nosso) est un fan de comté, et c'est lui qui a eu l'idée de fumer ce fromage dans une crème qui se marie divinement bien avec l'asperge. *Obrigada, Gu !*

ASPERGES VERTES, CRÈME DE COMTÉ FUMÉE, ŒUF DE TRUITE, HUILE D'AIL CONFIT

Pour une entrée pour 4 personnes

1 botte d'asperges vertes
100 g de comté
100 g de crème liquide à 35 % de MG
1 œuf
10 g de beurre
1 c. à s. d'œufs de truite
Quelques pétales de fleurs comestibles (facultatif)
Huile d'ail confit (voir page 190)

Blanchissez les asperges dans de l'eau bouillante salée pendant 2 minutes (elles doivent rester *al dente*).

Coupez le comté en morceaux et faites-le chauffer dans une casserole avec la crème.

Quand le fromage est fondu, mixez le tout. Ajoutez l'œuf, le beurre et fouettez tout en portant le mélange à 70 °C.

Faites fumer la crème avec un fumoir alimentaire (ou utilisez la même technique que pour le pastrami page 174) et débarrassez en poche à douille.

Placez les asperges dans un plat, faites des petits points de crème de comté sur le dessus puis disposez les œufs de truite, des pétales de fleurs comestibles et quelques gouttes d'huile d'ail.

J'ai découvert le brie noir grâce à Biovor, mon fournisseur de produits bio franciliens. Il vient de la Ferme Sainte Colombe, en Seine-et-Marne. J'ai eu un coup de cœur immédiat pour ce fromage très puissant et assez méconnu. C'est un brie affiné plus de 6 mois en cave, qui sèche et se teinte d'une couleur caramel. Parfait pour une version locale du parmesan.

ASPERGES BLANCHES, BRIE NOIR, ÉPLUCHURES LACTOFERMENTÉES, GREMOLATA DE CIBOULETTE

Pour une entrée pour 4 personnes

1 petite botte d'asperges blanches

Pour la gremolata
1 botte de ciboulette
1 gousse d'ail
4 c. à s. d'huile d'olive
1 c. à s. de jus d'épluchures d'asperges lactofermentées (voir recette page 192)

Pour le dressage
50 g de brie noir

ASPERGES

Épluchez et blanchissez les asperges dans de l'eau bouillante salée pendant 4 minutes. Elles doivent rester fermes.

Refroidissez-les dans de l'eau glacée.

GREMOLATA

Taillez très finement la ciboulette, la gousse d'ail et ajoutez l'huile d'olive en mélangeant bien. Ajoutez le jus d'épluchures lactofermentées. Salez et poivrez selon vos goûts.

DRESSAGE

Dressez un plat avec les asperges, râpez finement le brie noir et servez avec la gremolata.

Conseil

Je préfère choisir les asperges du début de saison qui sont fermes et moins filandreuses.

465
794
POLVO

POISSONS

À l'époque où j'y habitais, il n'y avait pas de poisson frais à Poté, car l'État du Minas Gerais n'a pas d'accès à la mer. Petite, je ne connaissais que le bacalhau, la morue salée que les Brésiliens ont intégrée à leurs assiettes car les colons portugais en consommaient beaucoup. La première fois que j'ai mangé une crevette, j'avais une quinzaine d'années. C'était à São Paulo et je me souviens encore de son goût si particulier ! La mer est un univers qui m'est inconnu. Je ne sais pas bien nager, j'ai même failli me noyer dans une écluse, âgée d'à peine huit ans. C'est le maire actuel de Poté qui a plongé pour me sauver in extremis. Je crois que cette histoire a laissé des traces et que mon rapport à l'eau et à la mer en est affecté. J'ai donc inévitablement mis du temps à m'habituer aux poissons et aux coquillages, et à les intégrer à ma cuisine. J'ai découvert les huîtres lors de mon premier Noël en France. J'en ai tellement mangé que je me suis rendue malade ! Je travaille aujourd'hui le poisson dans mes restaurants, de façon simple, sans les déguiser ni les dénaturer. Je fais attention à choisir des espèces dont les stocks ne sont pas menacés.

LA MER

Charles Trenet

La mer
Qu'on voit danser
Le long des golfes clairs
A des reflets d'argent
La mer
Des reflets changeants
Sous la pluie
La mer
Qu'au ciel d'été confond
Ses blancs moutons
Avec les anges si purs
La mer
Bergère d'azur, infinie
Voyez
Près des étangs
Ces grands roseaux mouillés
Voyez
Ces oiseaux blancs
Et ces maisons rouillées

PREFEITURA
MUNICIPAL
POTÉ
306

Cette recette est une ode à la simplicité. Son secret réside dans la qualité des produits, je choisis des rougets très frais, ayant une chair plus ferme et une odeur délicate. Demandez à votre poissonnier des espèces pêchées par des petits bateaux avec des techniques artisanales qui respectent les ressources marines.

ROUGET GRILLÉ, VINAIGRETTE AU BEURRE DE CITRON

Pour une entrée pour 2 personnes

2 filets de rouget
10 g de beurre clarifié (recette page 198)
½ citron
Sel
Fleur de sel

Mélangez le beurre clarifié avec le jus de citron et une pincée de sel.

Faits quelques entailles sur la peau du poisson.

À l'aide d'un pinceau, badigeonnez les filets de rouget avec ce beurre au citron.

Passez le chalumeau sur les filets côté peau pour la griller légèrement, ajoutez un peu de fleur de sel et servez ainsi.

Le maquereau est un poisson peu cher et dont les stocks ne sont pas sous pression. Il se prête à beaucoup d'utilisations différentes mais celle que je préfère, c'est lorsqu'il est simplement mariné puis grillé au chalumeau.

MAQUEREAU MARINÉ, GRILLÉ À LA FLAMME

Pour 4 personnes

4 maquereaux (calibre 400/600)
2 c. à s. de sel
2 c. à s. de sucre

Pour la mayonnaise à la ciboulette
1 jaune d'œuf
1 c. à s. de moutarde
10 cl d'huile de ciboulette
(recette page 190)
Sel, poivre

Pour la marinade
2 c. à s. d'huile d'olive
1 c. à s. de miel
Le jus et le zeste de ½ citron vert
Sel, poivre

Pour le dressage
2 tomates anciennes
2 c. à s. d'huile d'olive de qualité
Quelques jeunes pousses
(ici, de l'agastache et du shiso rouge)
Fleur de sel

MAQUEREAUX

Lavez et séchez les maquereaux. Levez les filets en gardant la peau.

Mélangez le sel et le sucre et versez le mélange sur les maquereaux. Laissez mariner pendant 45 minutes.

MAYONNAISE À LA CIBOULETTE

Mélangez le jaune d'œuf (congelez le blanc pour un usage futur) avec la moutarde.

Montez la mayonnaise à l'aide d'un fouet en ajoutant progressivement l'huile de ciboulette. Salez, poivrez.

MARINADE

Rincez les filets de maquereau et séchez-les avec du papier absorbant.

Dans un petit saladier, mélangez tous les ingrédients de la marinade.

Avec un chalumeau, brûlez les maquereaux côté peau pendant 30 secondes, badigeonnez de marinade et passez à nouveau le chalumeau pendant 10 secondes.

DRESSAGE

Coupez les tomates harmonieusement et disposez-les sur les assiettes. Ajoutez des points de mayonnaise à la ciboulette. Arrosez d'une très bonne huile d'olive, d'un peu de fleur de sel et de quelques jeunes pousses.

Conseil

Si vous n'avez pas de chalumeau, vous pouvez passer le maquereau très rapidement sous le gril du four, ou le cuire « de peur » au barbecue.

L'aspérule odorante est une plante qui pousse en Ile-de-France. En plus de ses propriétés tranquillisantes et anti-stress, elle facilite la digestion. Une fois séchée, sa particularité est d'avoir le goût et l'odeur de la vanille. Pour la travailler en version sucrée, allez-voir ma recette de pavlova page 230.

LIEU JAUNE, BEURRE BLANC À L'ASPÉRULE ODORANTE, MOUSSELINE DE CHOU-FLEUR

Pour 6 personnes

900 g de lieu jaune

Pour la mousseline de chou-fleur
¼ de chou-fleur
20 g de crème liquide à 35 % de MG
20 g de beurre noisette

Pour le beurre blanc à l'aspérule odorante
150 g de beurre
150 g de champagne
10 g d'aspérule odorante séchée en poudre
200 g de crème entière

MOUSSELINE DE CHOU-FLEUR

Faites cuire le chou-fleur à la vapeur jusqu'à ce qu'il soit bien tendre.

Mixez-le avec la crème et le beurre noisette. Salez et poivrez.

BEURRE BLANC À L'ASPERULE ODORANTE

Coupez le beurre froid en petits cubes et laissez au réfrigérateur.

Dans une petite casserole, faites réduire le champagne de moitié avec l'aspérule odorante.

Filtrez à l'aide d'une passoire fine pour récupérer le champagne infusé.

Faites chauffer la crème entière dans une petite casserole. Ajoutez le champagne infusé encore chaud et émulsionnez les deux à l'aide d'un mixeur plongeant.

Ajoutez petit à petit les cubes de beurre en continuant d'émulsionner jusqu'à l'obtention d'une sauce crémeuse et lisse.

La *moqueca* est un plat typique de la Bahia, l'État situé au Nordeste du Brésil. C'est un délicieux ragoût de poisson tomaté, dont la couleur profondément orangée vient de l'huile de dendê. Cette huile, appelée en français « huile de palme rouge », n'a rien à voir avec l'huile de palme agro-industrielle qui déforeste le monde. C'est un ingrédient typique d'Afrique de l'Ouest, importé par les esclaves qui sont arrivés massivement à Salvador de Bahia et dans les ports alentour. Celle que l'on utilise au restaurant est artisanale, non raffinée, et provient de petites productions brésiliennes familiales.

LOUP, SAUCE MOQUECA, RIZ NOIR

Pour 6 personnes

Pour la sauce moqueca
1 oignon blanc
1 gousse d'ail
3 c. à s. d'huile de dendê
1 poivron rouge
1 poivron jaune
2 tomates bien mûres
20 cl de fumet de poisson
(recette page 196)
20 cl de lait de coco
Sel, poivre

Pour le poisson
6 petits filets de loup
de 120 g pièce environ
Beurre clarifié

Pour l'accompagnement
300 g de riz noir
1 carotte
1 branche de céleri
24 crevettes
½ c. à c. de pâte d'ail / gingembre
(recette page 196)
Quelques herbes fraîches
(cerfeuil, ciboulette)
Quelques fleurs comestibles
(facultatif)

SAUCE MOQUECA

Émincez l'oignon et l'ail et faites-les revenir dans une casserole avec l'huile de dendê.

Coupez finement poivrons et tomates et ajoutez-les à la casserole.

Mouillez avec le fumet de poisson. Ajoutez le lait de coco, mélangez et laissez cuire à feu doux pendant 45 minutes.

Mixez la sauce longuement jusqu'à l'obtention d'une sauce épaisse et nappante.

Salez et poivrez si nécessaire.

POISSON

Badigeonnez le poisson de beurre clarifié (technique page 198) et faites-le cuire 4 minutes dans un four à 200 °C.

ACCOMPAGNEMENTS

Couvrez le riz noir d'eau froide et faites-le cuire 12 minutes environ, il faut qu'il reste un peu ferme.

Taillez la carotte et le céleri et faites-les blanchir dans de l'eau bouillante salée quelques minutes.

Faites sauter les crevettes à la poêle à feu vif avec la pâte d'ail et de gingembre pendant quelques minutes.

DRESSAGE

Dressez le riz dans le fond de l'assiette, ajoutez quelques légumes et les crevettes.

Versez la sauce moqueca, posez sur le dessus le filet de poisson et quelques herbes et fleurs si vous en avez.

VIANDES

Mon grand-père a débuté en tant qu'agriculteur avant d'ouvrir l'abattoir du village. Il y tuait les bêtes des fermes alentours, ainsi que nos propres cochons et volailles. Mon fils André a appris très jeune à tuer et à vider les poules, ce qui faisait partie de l'apprentissage classique des jeunes garçons. Même si je n'ai jamais été une inconditionnelle de la viande, je dois reconnaître la qualité et la fraîcheur de celle avec laquelle j'ai grandi. Encore aujourd'hui, ma tante Zete et mon oncle Davi ont l'habitude de ne consommer exclusivement que des volailles qu'ils achètent vivantes au marché et qu'ils tuent, plument et préparent eux-mêmes. Je pense qu'en se reconnectant ainsi à la vie et la mort de l'animal, on change de regard sur notre consommation carnée. Il ne nous viendrait pas à l'idée d'en jeter le moindre morceau. Ma tante Zete utilise même le gras du bœuf purifié pour en faire un savon !

Keilla
CONFECÇÕES
98819-8819
98831-7247
Proezas

Esmaltec

ALGUÉM ME AVISOU

Dona Ivone Lara

Eu vim de lá, eu vim de lá pequenininho
Mas eu vim de lá pequenininho
Alguém me avisou
Pra pisar nesse chão devagarinho
Alguém me avisou
Pra pisar nesse chão devagarinho

Foram me chamar
Eu estou aqui, o que é que há

QUELQU'UN M'A CONSEILLÉ

Dona Ivone Lara

Je viens de là, je viens de là, petite
Mais je viens de là, petite
Quelqu'un m'a conseillé
de marcher sur ce sol tout doucement
Quelqu'un m'a conseillé
de marcher sur ce sol tout doucement

Ils m'ont appelée,
Je suis ici, qu'est-ce qu'il y a ?

Métamorphose et année charnière

Minha filha, lembra que boi em terra alheia vira vaca (« Ma fille, souviens-toi que le bœuf en terre étrangère devient vache »). Cette phrase de mon grand-père est gravée dans ma mémoire. Il me l'a prononcée le jour de mon départ du Brésil pour la France. À travers cette métaphore, c'était un conseil de rester prudente, car ce qui m'attendait outre-Atlantique allait me faire changer radicalement. Il avait raison, j'ai dû naître à nouveau, dans un continent qui a imprimé mes chairs de façon irréversible. Je me souviens de ma première expérience dans un restaurant français. Mon beau-père m'avait emmenée à la Coupole, mythique brasserie du quartier Montparnasse, on ne peut plus parisienne. J'y ai goûté une choucroute pour la première fois, dans cette ambiance magique, rythmée par le ballet des serveurs, le décor art-déco et des odeurs qui m'étaient complètement étrangères. J'ai eu alors l'intime conviction que j'allais vivre en France pour toujours. L'année 2022, celle de mes quarante-cinq ans, représente pour moi celle de la bascule. Celle où j'ai vécu plus de temps en France qu'au Brésil. En regardant dans le rétroviseur de ma vie, je me demande parfois si mon passé est bien réel, ou si c'est un mirage que mon cœur a parfois cherché à effacer.

Au Brésil, on élevait des cochons dans la ferme où j'ai grandi. Quand on en tuait un, il nous régalait pendant quatre mois. Du sang aux abats en passant par le filet, on le préparait entièrement et on le faisait tantôt fumer, tantôt confire dans sa propre graisse. Je me souviens de voir la poitrine et les travers suspendus au-dessus du fourneau de la cuisine, mis lentement à sécher et à fumer.

Quant à la couenne, on en fait une chips très typique du Minas Gerais : le torresmo. Craquant, gras et salé, c'est un apéritif complètement addictif. J'ai voulu retrouver ce goût en France, et c'est avec ce souvenir gustatif que j'ai élaboré cette recette. Aujourd'hui, c'est un best-seller du restaurant, je ne peux plus l'enlever de la carte, car les clients me la réclament sans cesse !

POITRINE DE PORC CROUSTILLANTE

Pour 8 personnes

1 poitrine de cochon (3 kg)
200 g de gros sel
200 g de sucre
3 c. à s. d'huile de pépins de raisin ou tournesol

Mélangez le sel et le sucre et enrobez la poitrine entière dans ce mélange. Malaxez-la.

Laissez-la au réfrigérateur pendant 4 heures.

Rincez la poitrine et déposez-la sur une plaque de cuisson. Poivrez et faites cuire à 82 °C toute la nuit (17 heures).

Le lendemain, badigeonnez la peau d'huile et passez à nouveau au four à 250 °C pendant 18 minutes, jusqu'à ce que la peau croustille et gonfle comme du pop-corn.

Détachez les os de la chair et dégustez avec une purée de pommes de terre ou de topinambour, des légumes de saison et un jus de cochon (recette page 158).

Conseil

*Pour un résultat plus net lors de la découpe de la poitrine, attendez qu'elle refroidisse complètement pour parer les bords, puis passez-la à nouveau au four bien chaud pendant quelques minutes. Utilisez les restes et les parures dans des cromesquis (**recette page 158**).*

C'est le croustillant du torresmo (ici dans la marmite de ma tante avec la farofa) qui a inspiré cette recette de poitrine de cochon.

Cette recette est une ode à l'anti-gaspi. Après avoir fait cuire la poitrine (recette page 156) et utilisé toutes les parures pour en faire des fonds de sauce, je trouvais ça tellement dommage de jeter cette viande ayant confit lentement dans le jus que j'ai décidé d'en faire une petite croquette frite. La première fois que j'ai fait ça, les fins palais Luc Dubanchet et Stéphane Méjanès sont venus manger au restaurant… et l'ont trouvée un peu sèche ! Maintenant, j'ajoute un supplément très aromatique à base de gorge de porc pour donner du moelleux à la recette. Merci à eux ! C'est en échangeant que l'on avance.

CROMESQUIS DE COCHON, MAYONNAISE AU SATÉ

Pour 20 cromesquis

Pour le jus
250 g de parures de poitrine de cochon (recette page 156)
1 carotte
1 morceau de céleri branche
1 oignon
Huile d'olive
1 gousse d'ail
1 morceau de gingembre frais
5 cl de vin blanc

Pour la mayonnaise au saté
1 œuf
1 c. à s. de moutarde
30 cl d'huile de tournesol
½ c. à c. de saté en poudre

Pour les cromesquis
50 g de gorge de porc
1 oignon nouveau
1 pincée coriandre en poudre
1 pincée gingembre en poudre
Un peu de farine
1 œuf
Un peu de chapelure
1 litre d'huile de friture
Sel, poivre

Pour le dressage
Pickles de graines de moutarde (recette page 194)

JUS DE COCHON

Coupez en petits cubes (mirepoix) la carotte, le céleri et l'oignon puis faites-les revenir dans une grande cocotte avec de l'huile d'olive.

Coupez finement l'ail et le gingembre préalablement pelés et ajoutez-les à la cocotte. Ajoutez les parures de poitrine de cochon coupées grossièrement.

Laissez colorer puis ajoutez le vin blanc et de l'eau (l'équivalent de 3 doigts au-dessus de la garniture).

Faites mijoter à tout petit feu pendant 24 heures.

Passez au chinois et gardez la sauce de côté pour accompagner la poitrine de cochon (recette page 156). Récupérez la garniture aromatique qui servira de base pour les cromesquis.

MAYONNAISE

Mélangez le jaune d'œuf (congelez le blanc pour un usage futur) avec la moutarde. Montez la mayonnaise à l'aide d'un fouet en ajoutant progressivement l'huile. Assaisonnez de sel, de poivre et de poudre de saté.

CROMESQUIS

Hachez très finement la gorge de porc, l'oignon nouveau et assaisonnez généreusement avec du sel, du poivre et des épices.

Mélangez la pâte obtenue avec les parures de porc confit (la garniture du jus).

Pressez cette pâte dans un cadre, tassez et mettez au réfrigérateur pendant une nuit.

Coupez des cubes de 3 cm de côté. Roulez-les dans la farine, dans l'œuf battu puis dans la chapelure.

Faites frire jusqu'à ce qu'ils soient bien colorés.

Disposez un peu de pickles de graines de moutarde sur chaque cromesquis et dégustez avec la mayonnaise au saté.

Dans ma recette, le sang ne sert que de liant, comme les œufs d'une tortilla espagnole. La base, ce sont surtout les parures de porc, à laquelle j'ajoute une garniture aromatique avec beaucoup d'herbes. Je le fais comme un gâteau que je découpe en forme de rectangle. C'est plus facile à faire chez soi et c'est comme cela que je le préfère !

BOUDIN MAISON

Pour 15 portions d'environ 200 g

½ gorge de porc nettoyée (environ 700 g)
½ poireau
1 petit piment antillais
2 gousses d'ail
1 oignon
5 g de poivre noir moulu
1 cl d'huile d'olive
1 kg de poitrine de porc cuite et effilochée (recette page 156, possibilité d'utiliser les parures)
30 cl de sang de porc
½ botte de coriandre
½ botte de persil
Sel

Taillez la gorge en dés de 2 cm de côté.

Lavez et taillez la garniture en morceaux de 3 cm de côté : poireau, piment, ail et oignon. Mélangez-la avec la gorge et assaisonnez en sel, poivre et huile d'olive.

Faites cuire la gorge de porc avec la garniture dans un grand plat recouvert de papier aluminium au four à 80 °C pendant une nuit.

Une fois la gorge refroidie, malaxez-la à la main pour défaire la chair comme des rillettes puis ajoutez la poitrine de porc effilochée.

Mettez ce mélange dans une casserole et faites remonter en température. Une fois la viande bien chaude et fumante, versez le sang puis mélangez au moins 20 minutes jusqu'à ce qu'il coagule et que l'ensemble prenne une couleur marron foncé, et une texture de boudin. Goûtez et assaisonnez si besoin. Ajoutez la coriandre et le persil ciselés.

Débarrassez dans un moule rectangulaire préalablement recouvert de papier sulfurisé. Placez une autre feuille de papier sulfurisé par-dessus et recouvrez le tout d'un poids.

Laissez prendre au réfrigérateur une nuit minimum.

Le lendemain, découpez en morceaux (environ 200 g) et faites cuire au four à 200 °C pendant 10 minutes.

Conseil

Vous pouvez doubler les quantités de cette recette pour utiliser une gorge de porc entière. Le boudin, une fois refroidi et portionné, peut se conserver une semaine au réfrigérateur ou 6 mois au congélateur.

Émeline Aubry a passé son CAP cuisine sur le tard, comme moi, après une carrière de consultante et de DJ ! Elle s'est spécialisée dans le pâté en croûte, et en propose aujourd'hui sur-mesure et sur commande, tous confectionnés de façon artisanale avec des ingrédients de grande qualité : du cochon de races rustiques élevé en plein air ou de la jeune poularde de Culoiseau, dans le Perche. C'est une femme très courageuse, inspirante et qui a un savoir-faire incroyable dans son domaine. Cette recette, c'est la sienne, elle m'a appris à la faire et je suis très fière de pouvoir la reproduire, grâce à ses astuces et techniques.

PÂTÉ EN CROÛTE COCHON, POULET RÔTI ET COURGE

Pour 8 personnes

500 g de filet de poulet
La peau des filets de poulet
90 g de courge butternut
Beurre
90 g d'échalotes ciselées et confites
40 g de vin blanc
Quelques branches de persil plat
40 cl de crème liquide à 35 % de MG
500 g de poitrine de porc hachée par votre boucher
2 œufs
15 g de fécule de maïs
500 g d'échine de porc
60 g de pistaches
60 g de noisettes
60 g de graines de courges torréfiées
800 g de pâte brisée
Quelques pruneaux dénoyautés
550 g de bouillon de volaille bien assaisonné (voir recette page 196)
50 g de feuilles de gélatine ramollies dans de l'eau froide
Sel et poivre noir du moulin

L'AVANT-VEILLE

Grillez la peau du poulet légèrement salée entre deux plaques à pâtisserie dans un four à 180 °C pendant environ 20 minutes. La peau doit être bien croustillante. Lorsqu'elle a refroidi, réduisez-la en poudre.

Taillez la courge butternut en brunoise. Faites-la cuire dans un peu du beurre, ajoutez les échalotes confites, salez, poivrez. Déglacez avec un bouchon de vin blanc et faites réduire. Ajoutez le persil taillé finement et 10 cl de crème liquide, faites réduire. Réservez au réfrigérateur.

Déposez dans un saladier la poitrine de porc hachée, le vin blanc, 1 œuf, la fécule, 30 cl de crème liquide, le mélange échalotes et courges crémées, et la poudre de peau de poulet rôti.

Taillez l'échine et les filets de poulet en cubes de 1 cm de côté.

Réunissez la farce hachée et les cubes de viande, ajoutez 18 g de sel, 6 g de poivre noir du moulin, les pistaches, les noisettes et les graines de courge. Mélangez intimement et énergiquement à la main jusqu'à ce que le mélange colle un peu aux doigts (environ 5 minutes).

LA VEILLE

Beurrez un moule à cake avec du beurre ramolli à l'aide d'un pinceau. Étalez la pâte brisée sur 4 mm d'épaisseur.

Détaillez un rectangle pour la base et les grands côtés du moule, 2 rectangles pour les petits côtés et un rectangle pour le chapeau.

Foncez le moule beurré en soudant à l'eau les petits côtés. Attention à ne pas faire de trou dans la pâte. Le cas échéant n'hésitez pas à faire une rustine avec un peu de pâte humidifiée.

Garnissez le moule avec la farce et 2 rangées de pruneaux dénoyautés en prenant soin de tasser la viande jusqu'aux bords du moule sans abîmer la pâte sur les côtés.

Humidifiez le chapeau et soudez-le aux rebords du pâté. Découpez l'excédent de pâte et pincez les bords pour bien la souder. Appliquez au pinceau le jaune d'œuf délayé dans un petit peu d'eau. Laissez sécher la dorure au réfrigérateur.

Appliquez une deuxième couche de dorure. Réalisez 2 trous dans le chapeau et mettez-y 2 tubes d'aluminium ou 2 douilles à pâtisserie préalablement beurrées en guise de cheminées. Décorez selon votre inspiration.

Enfournez le pâté bien froid (environ 5 °C à cœur) dans un four à 220 °C jusqu'à l'obtention d'une jolie coloration dorée puis baissez le four à 180 °C. Le pâté est cuit quand il atteint 60 °C à cœur (soit environ 1 heure de cuisson).

Pendant la cuisson, si du jus s'écoule par les cheminées, essuyez avec un petit papier absorbant ; si du jus s'écoule par les soudures, appliquez un peu de dorure pour colmater et remettez au four.

Sortez le pâté du four et laissez-le refroidir à température ambiante pendant 30 minutes.

Pendant ce temps, portez à ébullition le bouillon de volaille bien assaisonné puis hors du feu, incorporez les feuilles de gélatine préalablement réhydratées et égouttées.

Versez la gelée par les cheminées en plusieurs fois en espaçant de 20 minutes, mettez un peu de gelée de côté et réservez le pâté en croûte au réfrigérateur.

LE JOUR MÊME

Faites fondre la gelée restante et complétez jusqu'au bord des cheminées, laissez refroidir.

Démoulez et dégustez le jour même ou dans les 3 jours qui suivent.

Utilisez un couteau à dents fines de type couteau à pain pour tailler la croûte en tranches d'environ 1,5 cm d'épaisseur.

Cette volaille est un clin d'œil francisé à celle que l'on faisait en famille au Brésil, accompagnée du fameux angu de maïs frais (recette page 30). J'ai eu envie de la retravailler en un plat que l'on sert parfois le midi au restaurant. Le moelleux de la volaille tient à la précision de la cuisson à basse température.

VOLAILLE BASSE TEMPÉRATURE, JUS ET POLENTA CRÉMEUSE

Pour 6 personnes

Pour la volaille
1 volaille fermière
50 g de beurre clarifié
(recette page 198)
1 branche de thym
1 feuille de laurier
1 litre de bouillon de volaille
(recette page 196)
Quelques pousses de petits pois
(facultatif)
Sel, poivre

Pour la polenta
500 g de polenta
2 échalotes
2 gousses d'ail
75 g beurre
150 g crème liquide à 35 % de MG
1 feuille de laurier
1,2 litre de bouillon de volaille
(recette page 196)
Sel, poivre

VOLAILLE ET JUS

Coupez la volaille crue en six morceaux : les deux cuisses, les deux suprêmes et les deux ailes. Réservez la carcasse pour en faire un bouillon qui servira de base pour le jus (recette page 196).

Dans un plat allant au four, assaisonnez les morceaux de volaille de beurre clarifié, de thym, de laurier, de sel et de poivre.

Enfournez à 70 °C pendant 2 h 30 environ, jusqu'à ce qu'elle atteigne 65 °C à cœur (munissez-vous d'une sonde).

Faites bouillir et réduire le bouillon de volaille pendant 2 à 3 heures jusqu'à l'obtention d'une consistance nappante et sirupeuse.

Écumez si nécessaire pour que le jus soit le plus limpide possible.

POLENTA

Ciselez les échalotes et les gousses d'ail puis faites-les revenir avec le beurre. Ajoutez la polenta, la crème, la feuille de laurier et faites cuire à feu doux en ajoutant progressivement le bouillon de volaille. Assaisonnez.

Juste avant de servir, passez les morceaux de volaille au four à 200 °C pendant 10 minutes jusqu'à ce que la peau soit bien colorée.

DRESSAGE

Servez avec la polenta et arrosez de jus. Décorez éventuellement de quelques pousses de petits pois ou d'une autre herbe fraîche de votre choix.

Je faisais déjà cette recette chez Tempero. Les clients l'adoraient ! La tuile est très facile à faire et apporte du croustillant et de l'élégance. La farce peut être faite à partir de n'importe quels petits restes de légumes ou de viande.

GYOZAS ANTI-GASPI AU POULET, TUILE DE PAIN

Pour une entrée pour 4 personnes

Pour la farce
250 g de chair de poulet rôti
1 oignon
½ c. à c. de pâte d'ail et gingembre (recette page 196)
¼ de botte de coriandre
¼ de botte de persil
2 c. à s. de sauce soja
2 c. à s. de mirin
40 g de beurre
2 c. à s. d'huile de tournesol

Pour les gyozas
Pâte à gyozas (en magasin asiatique ou avec la recette de la raviole page 50)

Pour la tuile de pain
100 g d'eau
25 g d'huile de tournesol
12 g de farine
1 pincée de sel

Pour le montage
Quelques pétales de fleurs comestibles et herbes sauvages de votre choix

FARCE

Préparez la farce des gyozas comme celle des raviolis (recette page 50).

GYOZAS

Disposez une petite cuillerée de farce au centre de chaque carré de pâte, humidifiez les bords et fermez hermétiquement les gyozas en deux en formant des petits plis sur la bordure.

Dans une poêle bien chaude avec un peu d'huile d'olive, disposez les gyozas avec 2 cuillerées à soupe d'eau, couvrez et laissez cuire jusqu'à l'évaporation de l'eau.

TUILE DE PAIN

Mélangez tous les ingrédients de la tuile de pain.

Faites-la cuire dans une poêle antiadhésive comme des crêpes pendant quelques minutes.

MONTAGE

Montez comme sur la photo, avec éventuellement quelques pétales de fleurs et herbes sauvages.

On s'est un jour retrouvés avec beaucoup de framboises abîmées au restaurant, données par un de nos fournisseurs qui ne voulait pas les jeter. On en a profité pour essayer des recettes pour les magnifier ! En voyant le jus de veau qui était en train de réduire sur le coin du piano, je me suis dit qu'il fallait les associer. L'acidité de la framboise casse merveilleusement le gras du jus. Souvent, les aliments de la même couleur comme le rouge du magret et celui de la framboise s'accordent bien.

MAGRET DE CANARD, SAUCE FRAMBOISE

Pour 4 personnes

2 magrets
300 g de purée de framboise (ou framboises un peu fatiguées mixées)
Sel, poivre

Pour le jus de veau
1 kg d'os de veau (ou de volaille, en fonction de ce que vous avez sous la main)
½ oignon
1 carotte
½ branche de céleri branche
2 c. à s. d'huile neutre
10 cl de vin blanc
1 bouquet garni

Pour le dressage
Quelques framboises et mûres
Quelques pousses d'oseille

JUS DE VEAU

Mettez les os au four à 250 °C jusqu'à ce qu'ils soient bien colorés.

Coupez grossièrement la garniture (oignon, carotte, céleri) et faites-les revenir dans une casserole avec de l'huile neutre.

Ajoutez les os, le vin blanc, le bouquet garni et couvrez avec 3 litres d'eau.

Portez à ébullition, baissez au minimum et laissez réduire pendant 4 heures environ.

Quand il a du goût et qu'il a bien épaissi, passez-le au chinois, puis remettez le jus sur le feu pour le faire réduire encore un peu.

MAGRETS

Assaisonnez les magrets en sel et en poivre.

Commencez la cuisson sur la peau à feu doux pendant 5 minutes jusqu'à ce que la peau soit dorée, croustillante et que le gras ait bien fondu.

Débarrassez le gras et mettez le magret côté chair pendant 2 minutes à feu un peu plus vif. Laissez reposer le magret 8 minutes hors du feu.

Juste avant de servir, mettez au chaud à 200 °C pendant 4 minutes.

SAUCE À LA FRAMBOISE

Mélangez tant pour tant le jus de veau et la purée de framboise puis faites réduire le tout à la casserole jusqu'à l'obtention d'une texture sirupeuse.

DRESSAGE

Dressez le jus au fond de l'assiette, ajoutez un demi magret par personne, décorez avec quelques fruits rouges et des pousses d'oseille.

Conseil

Servez ce plat avec une bonne purée de pommes de terre maison.

Nosso, le mien, le tien, le nôtre

Je vois mon équipe comme un véritable trésor que je chéris. Chaque individu est un joyau, qui arrive tantôt brut ou tantôt déjà un peu poli, en fonction de l'expérience et de l'histoire personnelle de chacun. Mon but est de faire en sorte qu'ils brillent tous de la même intensité et que leurs lumières s'harmonisent entre elles. J'entends souvent mes proches me dire que l'une de mes forces est de savoir m'entourer. J'ai surtout l'impression d'avoir pris goût au recrutement, en cela qu'il permet de donner une nouvelle chance à des personnes ayant, comme moi, des trajectoires improbables. Mon histoire professionnelle a été marquée par une série de belles rencontres et d'enrichissements mutuels avec une équipe qui a grandi au fil des ouvertures et des nouveaux projets. C'est précisément pour cette raison que j'ai choisi le nom de mon restaurant Nosso : il signifie « le nôtre », ce qui est à nous, tout ce que nous construisons ensemble.

J'ai commencé à faire mon propre pastrami à la suite d'un voyage à New York il y a 12 ans. J'y ai goûté chez Katz's Deli l'un des meilleurs pastramis de la planète. Il est tranché épais, la viande est moelleuse, parfumée, juteuse... un régal !

PASTRAMI MAISON, COULIS DE CRESSON ET WASABI FRAIS

Pour 8 personnes

Pour le pastrami
1 c. à s. de graines de coriandre
1 c. à s. de poivre noir
1 c. à s. de graines de fenouil
1 c. à s. de piment d'Espelette
1 c. à s. de gingembre en poudre
4 clous de girofle
3 gousses de cardamome
2 feuilles de laurier
1 bâton de cannelle
2 litres d'eau
150 g de sel
70 g de sucre roux
2 gousses d'ail écrasées
1 kg de brisket (poitrine de bœuf)

Pour le coulis de cresson
1 botte de cresson
1 c. à c. de baies de genièvre
Sel, poivre

Pour la crème de wasabi
20 cl de crème liquide à 35 % de MG
40 g de wasabi frais (ou en pâte, à défaut)
Zeste d'un demi-citron

Pour le dressage
Quelques fleurs comestibles

PASTRAMI

Mixez grossièrement l'ensemble des épices avec les gousses d'ail. Mélangez cette pâte avec l'eau, le sel, le sucre.

Disposez la viande et la marinade dans un grand plat.

Laissez-la mariner au réfrigérateur pendant 3 jours, en la retournant de temps en temps.

Retirez la viande et mettez-la sous vide. Faites cuire au thermoplongeur 12 heures à 72 °C.

À défaut, faites cuire la viande pendant la même durée au four à 80 °C, recouverte de papier aluminium pour une cuisson lente à l'étouffée.

Faites-la ensuite fumer pendant 1 heure dans une passoire placée à l'intérieur d'une casserole remplie de foin : brûlez le foin puis couvrez le tout avec un torchon et laissez ainsi reposer la viande 2 ou 3 heures. (Vous pouvez utiliser un fumoir alimentaire).

COULIS DE CRESSON

Blanchissez le cresson dans de l'eau bouillante salée pendant 2 minutes.

Faites-le refroidir dans de l'eau glacée pour qu'il reste bien vert, puis mixez-le avec un peu d'eau de cuisson, des baies de genièvre préalablement torréfiées, du sel et du poivre.

Passez le tout au chinois pour obtenir un coulis bien lisse.

CRÈME DE WASABI

Faites chauffer la crème avec le wasabi, du sel et le zeste de citron puis mixez le tout.

Laissez refroidir et montez au fouet comme une chantilly.

DRESSAGE

Coupez des tranches de pastrami et servez-le avec le coulis de cresson et quelques points de crème au wasabi. Décorez de fleurs comestibles.

Conseil

Vous pouvez le conserver pendant 1 semaine au réfrigérateur, ou le congeler pour des utilisations ultérieures.

Quand on était petits à la maison, ma grand-mère cuisinait les abats tous ensemble dans une grande cocotte en fer. On appelle cette recette le *sarapatel* et j'adorais ça, sans savoir vraiment ce qu'il y avait dedans. En France, on préfère consommer les abats séparément. C'est important pour moi de valoriser toutes les parties de la viande quand on choisit d'en consommer. C'est Maki Manoukian, inconditionnelle de la *street food*, qui m'a soufflé l'idée de cuisiner la langue dans un sandwich pour la rendre plus gourmande.

SANDWICH DE LANGUE DE BŒUF, MAYO SRIRACHA ET PICKLES

Pour 10 sandwichs

Pour la langue
1 oignon blanc
50 g de carotte
50 g de céleri branche
¼ de langue de bœuf entière
Quelques queues de persil
Quelques grains de poivre

Pour la mayonnaise au sriracha
1 œuf
1 c. à s. de moutarde
30 cl d'huile de tournesol
½ c. à c. de sriracha (sauce pimentée)
Sel, poivre

Pour le sandwich
5 baguettes tradition
Pickles de graines de moutarde (recette page 194)
Pickles d'oignon (recette page 194)
Quelques brins de cerfeuil

LANGUE

Coupez en morceaux (mirepoix) l'oignon, la carotte et le céleri branche.

Mettez la langue dans une cocotte, ajoutez la mirepoix, quelques grains de poivre, les queues de persil et couvrez d'eau.

Faites cuire la langue au court-bouillon à feu très doux (entre 82 et 85 °C) pendant 17 heures environ jusqu'à ce qu'elle soit tendre et cuite à cœur.

Laissez-la refroidir dans le bouillon avant de couper des tranches très fines.

MAYONNAISE

Mélangez le jaune d'œuf (congelez le blanc pour un usage futur) avec la moutarde.

Montez la mayonnaise à l'aide d'un fouet en ajoutant progressivement l'huile.

Assaisonnez de sel et de poivre. Séparez en deux et assaisonnez la moitié avec la sauce sriracha.

MONTAGE

Ouvrez la baguette et tartinez l'intérieur de mayonnaise classique.

Ajoutez les tranches de langues puis les pickles de moutarde et d'oignon.

Décorez de quelques brins de cerfeuil et des deux mayonnaises comme sur la photo.

SAUCES & CONDIMENTS

Les Brésiliens ont la main lourde sur les assaisonnements. Tous les plats sont plus salés, sucrés, gras ou pimentés qu'en France. Il n'est pas rare que chaque famille ait un sel maison à l'ail ou au citron, assaisonnements typiques pour la viande que l'on mange le dimanche lors de grands *churrascos*, les traditionnels barbecues festifs et fédérateurs. Je pense qu'une grande partie de mes réflexes de cuisinière viennent de mon apprentissage très précoce de l'assaisonnement. Hacher de l'ail et du gingembre et le conserver dans l'huile pour m'en servir de base de cuisson, jeter de la coriandre ciselée et un trait de jus de citron dans une casserole fumante ou une pointe de piment pour ajouter du relief à un plat font partie de ces gestes que j'ai finis par faire sans réfléchir.

Je suis dingue de piment, tout comme Juan Solano, mon fidèle collaborateur qui est originaire du Costa Rica. Ensemble, on s'amuse à faire des condiments et sauces qui envoient. Toutefois, le piment n'est pas forcément synonyme de puissance. Selon nous, il est un aromate, un condiment qui permet aux saveurs de se révéler et de gagner en longueur en bouche. Ces sauces se gardent longtemps au frais, et une pointe suffit à réveiller un plat.

SAUCES PIMENTÉES

LA BASE

L'ingrédient star de ces condiments, c'est le piment. Il en existe une multitude de variétés avec des puissances très variables. Demandez conseil à votre marchand, pour coller le plus possible à vos goûts !

On peut les utiliser cuits ou crus. Les cuire permet de mieux conserver la pâte de piment et d'avoir un rendu plus homogène. C'est la technique que nous avons privilégiée dans les recettes suivantes.

En version crue, cela consiste à mixer le piment (plus ou moins finement) avec des herbes, un mélange aromatique (oignons / ail / échalotes) et une touche d'acidité comme du vinaigre ou du jus de citron.

Le caractère très puissant de ces pâtes de piment cru s'estompera au fil du temps.

Conseil

Pour toutes ces recettes, la quantité d'huile est donnée à titre indicatif. Il arrive que certaines pâtes nécessitent un ajout d'huile ou d'eau lorsque l'on mixe.

Ajoutez-la au fur et à mesure, quitte à ajuster ensuite. Une fois que la pâte est prête et débarrassée dans le récipient final, lissez bien le dessus et versez-y un filet d'huile pour couvrir et ainsi limiter l'oxydation.

Rien ne se perd

Vous pouvez réutiliser l'huile ayant servi à confire le piment, l'ail ou les poivrons pour réaliser ces pâtes de piments ou pour d'autres recettes.

LES DÉCLINAISONS

SAUCE JAUNE CLAIR
(PIMENT JAUNE / ANANAS)

Pour 1 bocal de 70 cl

4 oignons émincés
2 piments antillais jaunes (version douce)
1 ananas
10 cl d'huile de tournesol + 20 cl pour confire les oignons et les piments
Poivre de Sichuan (facultatif)

Émincez les oignons. Mettez-les dans une petite casserole avec les piments entiers. Recouvrez-les de 20 cl d'huile et faites-les confire pendant 30 minutes à feu doux.

Épluchez et coupez l'ananas en morceaux (gardez les pelures pour en faire le vinaigre, recette page 188). Faites rôtir les morceaux d'ananas à la poêle.

Mixez le tout et passez au chinois pour obtenir une sauce homogène.

Ajoutez, si vous le souhaitez, du poivre de Sichuan, pour une touche acidulée harmonieuse.

Mettez en bocal.

SAUCE JAUNE FONCÉ (PIMENT JAUNE / MAÏS / POIVRON JAUNE)

Pour 1 bocal de 70 cl

2 épis de maïs
1 botte de coriandre
5 piments antillais jaunes
2 poivrons jaunes
20 cl d'huile de tournesol
1 petite racine de curcuma frais
33 cl de crème de coco
10 cl d'huile de coco

Faites cuire les épis de maïs dans l'eau bouillante pendant 20 minutes environ, puis égrenez-les.

Gardez l'eau et faites-la bouillir à nouveau pour y blanchir la botte de coriandre.

Recouvrez les piments et les poivrons d'huile de tournesol et faites-les confire à feu doux pendant 30 minutes.

Muni d'une paire de gants, épluchez et coupez la racine de curcuma et faites-la infuser dans la crème de coco 15 minutes à feu moyen.

Mixez le tout, en ajoutant la crème de coco petit à petit en fonction de la texture désirée. Passez au chinois si besoin et mettez la sauce en bocal.

SAUCE ROUGE (BETTERAVE / PIMENT ROUGE)

Pour 1 bocal de 50 cl

5 gousses d'ail
5 piments oiseau rouges
20 cl d'huile de tournesol
3 betteraves moyennes
10 cl d'huile d'olive
1 belle tige de romarin frais

Recouvrez l'ail et les piments d'huile de tournesol et faites-les confire à feu doux pendant 30 minutes environ, jusqu'à l'apparition d'une teinte dorée.

Faites rôtir les betteraves au four à 180 °C pendant 1 h 30. Laissez refroidir et épluchez-les lorsqu'elles sont tièdes.

Coupez-les grossièrement. Mixez-les avec les piments et gousses d'ail confites, le romarin et l'huile d'olive. Mettez en bocal.

SAUCE VERTE (PIMENT VERT / FANES DE BETTERAVE)

Pour 1 bocal de 50 cl

Les fanes de 3 bottes de betterave
½ botte de menthe-citron
(ou menthe classique, à défaut)
2 piments verts marocains
2 betteraves blanches
10 cl d'huile de colza

Faites blanchir les fanes de betterave quelques minutes, puis la menthe quelques secondes (pour qu'elle ne noircisse pas) et enfin le piment marocain vert pendant une minute maximum.

Faites rôtir les betteraves blanches au four à 180 °C pendant 1 h 30.

Mixez tous les ingrédients avec l'huile. Passez au chinois si nécessaire et mettez en pot.

SAUCE ORANGE (PIMENT ROUGE / POIVRON ORANGE / ABRICOT)

Pour 1 bocal de 70 cl

2 piments antillais rouges
2 poivrons orange
10 cl d'huile de tournesol + 20 cl pour faire confire les piments et poivrons
1 cédrat
2 brins de sarriette
500 g d'abricots

Recouvrez les piments et les poivrons d'huile de tournesol et faites-les confire à feu doux pendant 30 minutes.

Prélevez le zeste du cédrat et faites-le blanchir rapidement ainsi que la sarriette dans de l'eau bouillante.

Faites griller les abricots à la poêle ou au barbecue. Coupez-les en deux et retirez les noyaux.

Mixez tous les ingrédients, passez au chinois si nécessaire et mettez en bocal.

Cette sauce est ma botte secrète pour relever des plats végétariens. Je m'en sers comme d'un jus de viande concentré pour laquer des légumes (comme l'aubergine de la page 68 ou le céleri de la page 104) et leur donner un goût irrésistible. Vous pouvez en faire en grande quantité, elle se conserve bien.

SAUCE TEMPERO

Pour 1 litre de sauce

30 g d'ail
45 g de gingembre
50 g de citronnelle
300 g de mirin
50 g de sauce huître végétarienne
120 g de moutarde Savora
25 g de sauce soja
50 cl de jus d'orange
50 cl de vin blanc
10 g d'huile de sésame

Mélangez tous les ingrédients dans une casserole et faites réduire à feu doux pendant une demi-journée jusqu'à l'obtention d'une consistance sirupeuse.

Faire ses propres vinaigres, en plus d'être ludique, permet de donner une autre vie aux épluchures (comme celles de l'ananas), ou de consommer toute l'année des produits dont la saison est très courte. En plus, ils sont bons pour la santé car ils permettent de baisser le taux de sucre dans le sang.

VINAIGRE D'ANANAS

Pour un bocal de 1 litre

Les épluchures de 2 ananas bio
6 c. à s. de sucre brun bio
(mascavo ou rapadura)
75 cl d'eau minérale (ou eau filtrée)

Lavez les ananas et récupérez la peau (utilisez la chair pour la recette page 182).

Mélangez le sucre dans l'eau jusqu'à la dissolution.

Ajoutez les épluchures d'ananas et versez le tout dans un bocal en verre préalablement stérilisé.

Fermez le récipient à l'aide d'un tissu fin (type gaze de coton ou étamine) et d'un élastique, pour laisser passer de l'air.

Laissez fermenter dans l'obscurité pendant 2 à 3 semaines, en mélangeant au moins une fois tous les deux jours.

Quand le mélange a le goût et l'odeur du vinaigre, filtrez-le et conservez le vinaigre au réfrigérateur pour limiter la fermentation.

Conseil

S'il se forme un film à la surface, il s'agit de la « mère » du vinaigre. Elle n'altère pas son goût. Elle pourra servir à obtenir rapidement un vinaigre de cidre ou de pomme, par exemple.

J'use et abuse des huiles aromatisées dans mes restaurants. J'en ai toute une palette aux goûts et couleurs variés. Elles relèvent tous les plats et permettent de conserver des herbes en fin de vie ou difficiles à se procurer (comme l'ail des ours). Attention, conservez l'huile au réfrigérateur et utilisez-la rapidement pour éviter le développement de toxine botulique. Sinon, congelez-la dans des bacs à glaçons pour avoir des portions individuelles.

HUILES AROMATISÉES

HUILE DE CIBOULETTE

Faites chauffer 50 cl d'huile de pépins de raisin à 65 °C.

Mixez deux bottes (250 g) de ciboulette dans l'huile jusqu'à l'obtention d'une huile bien verte et lisse. Laissez refroidir puis passez au chinois à travers un torchon pour que l'huile soit claire.

Mettez en bouteille.

HUILE DE POIVRON ROUGE

Faites griller deux poivrons au barbecue. Pelez-les, épépinez-les et mixez la chair avec 50 g de concentré de tomates.

Couvrez de 25 cl d'huile de pépins de raisin.

Laissez refroidir puis passez au chinois à travers un torchon pour que l'huile soit claire.

Mettez en bouteille.

HUILE D'AIL

Portez à frémissement 50 cl d'huile de pépins de raisin (ou de tournesol) et ajoutez-y 250 g d'ail pelé.

Laissez l'ail confire pendant 30 minutes.

Débarrassez les gousses et gardez-les pour les recettes page 185.

Mettez en bouteille.

Conseil

Utilisez ces huiles parfumées pour des vinaigrettes, des assaisonnements d'assiettes lors du dressage, ou encore pour des mayonnaises colorées.

La lactofermentation est une technique ancestrale, que l'on connaît en France surtout grâce au chou de la choucroute. En plus de conserver les légumes, ce procédé à l'incroyable propriété de leur apporter un supplément de nutriments. C'est le chef Romain Meder qui m'a transmis ses techniques de lactofermentation, lors d'une journée mémorable dans les cuisines du Plaza Athénée où il officiait. Depuis, j'expérimente avec tout ce qui me passe sous la main, tomates de mon balcon, épluchures d'asperges, abricots... Il n'y a qu'avec la betterave que le résultat n'est pas très concluant !

FRUITS ET LÉGUMES LACTOFERMENTÉS

Pour un bocal de 1 litre

Des fruits et légumes bio
et de saison (ici tomates, abricots,
épluchures d'asperges, radis, chou...)
1 litre d'eau filtrée
15 g de sel de mer non raffiné

Lavez bien le bocal à l'eau non savonneuse.

Coupez et disposez vos légumes au fond du bocal.

Ajoutez l'eau, le sel et refermez hermétiquement le bocal à l'aide d'un joint.

Laissez fermenter 2 jours à température ambiante puis mettez au frais au réfrigérateur.

À l'ouverture, fiez-vous à votre odorat pour savoir si la fermentation est réussie. Il doit y avoir une odeur un peu vinaigrée mais douce.

Conseil

Utilisez impérativement des fruits et légumes bio car ils ne sont pas recouverts de pesticides qui nuiraient au processus de fermentation.

Tomates,

Ce n'est qu'en arrivant en France que j'ai mangé mon premier pickle, le plus consommé ici : un cornichon ! J'ai adoré l'idée et j'ai utilisé cette technique pour conserver tout ce que j'avais à disposition. C'est très simple, ça fonctionne avec tout, et c'est une excellente manière de contrebalancer par l'acidité des plats un peu gras.

PICKLES

RECETTE DE BASE

200 g d'eau
400 g de vinaigre blanc
400 g de sucre

Faites chauffer les trois ingrédients dans une casserole.

Lavez et coupez vos légumes et disposez-les dans le fond d'un bocal en verre (type Le Parfait) avec les aromates.

Versez le mélange chaud sur les légumes.

Fermez le bocal hermétiquement et laissez macérer pendant au moins 2 jours.

Conservez à température ambiante lorsqu'ils sont fermés, et au réfrigérateur lorsque le pot est entamé. Vous pouvez les conserver au moins un an.

Sur la photo page 195
(de gauche à droite)
Carotte et feuille de citron, concombre, sommités d'origan et jasmin, betterave rouge nouvelle, betterave chioggia, betterave jaune / géranium, radis rose et tagète et coriandre, graines de moutarde, oignon rouge / baies de genièvre.

PICKLES DE GRAINES DE MOUTARDE

C'est chez Fuku à New York que j'ai goûté pour la première fois à ces graines explosives, acidulées, il y a des années. Depuis, elles accompagnent à merveille toutes les viandes que l'on sert chez Nosso.

Pour un bocal

350 g de graines de moutarde
200 g d'eau
400 g de vinaigre
400 g de sucre
½ c. à c. de sel

Mettez tous les ingrédients dans une casserole.

Faites bouillir et laissez cuire à feu doux pendant 30 à 40 minutes : les graines vont gonfler et épaissir comme un caviar végétal.

Servez à la place de la moutarde pour condimenter du cochon rôti, du pastrami ou des œufs.

RECETTES DE BASE ET ASTUCES ANTI-GASPI

FUMET DE POISSON

1 kg de parures et d'arêtes de poisson (ou les têtes et carapaces de crevettes)
1 échalote
1 oignon
Beurre
1 branche de thym
1 feuille de laurier
1 litre d'eau
5 cl de vin blanc
Poivre

Concassez grossièrement les parures et arêtes de poisson.

Ciselez l'échalote et l'oignon puis faites-les suer dans une casserole avec un peu de beurre.

Ajoutez les parures de poisson, le thym, le laurier.

Mouillez avec l'eau et le vin blanc puis faites cuire 20 à 30 minutes maximum à petite ébullition.

Passez au chinois et faites réduire si besoin pour concentrer les goûts.

BOUILLON DE VOLAILLE

1 carcasse de poulet rôti
1 oignon
2 brins de thym
1 feuille de laurier
1 c. à c. de baies de genièvre

Dans la cocotte ayant servi à cuire le poulet, faites revenir l'oignon émincé.

Ajoutez la carcasse de volaille, le thym, le laurier, des baies de genièvre et couvrez d'eau à hauteur.

Mettez le couvercle et faites cuire 45 minutes à feu moyen. Écumez et filtrez.

COMPOTE D'ÉPLUCHURES DE POMMES

Faites cuire les épluchures et trognons de pommes 30 minutes. Mixez le tout pour obtenir une crème lisse, et laissez reposer 30 minutes.

PÂTE D'AIL ET DE GINGEMBRE OU GINGER / GARLIC PASTE

Mixez tant pour tant d'ail frais et de gingembre épluchés avec de l'huile de tournesol.

Conservez dans un bocal couvert d'huile.

POUDRE DE PAIN RASSIS

Faites sécher au four à 100 °C du pain rassis jusqu'à ce qu'il soit bien dur. Cassez-le en morceaux à l'aide d'un rouleau à pâtisserie et mixez-le finement jusqu'à l'obtention d'une poudre qui pourra remplacer une partie de la farine (10 à 20 %) dans vos recettes (comme par exemple celle de la page 96).

Le beurre clarifié et le beurre noisette sont deux basiques de ma cuisine. Le premier permet de cuire des aliments à haute température sans risquer de les brûler car il est débarrassé de la caséine. Le deuxième, au contraire, apporte un goût légèrement toasté qui se marie à merveille avec certaines recettes. Le Minas Gerais et le Nordeste du Brésil sont connus pour sa *manteiga de garrafa,* un beurre liquide en bouteille, fait à partir de crème entière chauffée et filtrée à la passoire. Il reste fluide et peut se consommer plusieurs mois sans réfrigération.

BEURRE CLARIFIÉ ET BEURRE NOISETTE

BEURRE CLARIFIÉ

Faites fondre le beurre à feu doux dans une casserole et laissez-le décanter quelques instants sans mélanger.

À l'aide d'une petite passoire ou d'une cuillère, ôtez les parties solides (la caséine) puis versez le beurre délicatement dans un bocal propre, en prenant soin de laisser au fond de la casserole le petit-lait.

Vous obtenez ainsi un beurre purifié de ses composantes les moins digestes, il a un point de fumée plus élevé que celui du beurre classique et se conserve plus longtemps.

BEURRE NOISETTE

Faites fondre le beurre dans une petite casserole à feu moyen jusqu'à ce qu'il crépite et qu'une odeur de noisette torréfiée s'en dégage.

Utilisez-le par exemple dans la recette de madeleines page 210 ou dans celle du céleri page 104.

DESSERTS

Croquer dans un fruit mûr et juteux a toujours été mon dessert préféré. Les étrangers qui viennent au Brésil sont souvent marqués par la diversité et par le goût incomparable des fruits : maracujá, acerola, fruit du jacquier, mangue, ananas, cajou et surtout… jabuticaba ! Je suis fascinée par ce fruit endémique du Minas Gerais qui pousse à même le tronc de l'arbre. C'est une grosse baie d'une couleur noire intense, dont la pulpe est blanche et juteuse. Une fois en France, j'ai troqué les fruits frais pour la pâtisserie fine. J'avais l'impression que chaque gâteau en vitrine était un vrai bijou ! J'ai complété ma formation en cuisine par un CAP de pâtisserie, afin de pouvoir réaliser à mon tour ces merveilles de technique et de goût.

C'est l'un des premiers desserts que j'ai appris à faire en France. Je l'ai ensuite refait des dizaines de fois lors de mon apprentissage à la Grande Épicerie auprès du chef Benoît Castel. Avec sa meringue soigneusement pochée, elle était magnifique, je trouvais qu'elle ressemblait à un petit bijou. Chez Nosso, avec ma pâtissière Sandra Sfeir, nous proposons une version où nous utilisons l'intégralité du citron bio, et nous ajoutons un gel de kalamansi ou de bergamote, en fonction de l'époque. C'est mon meilleur ami Yann Le Goff, qui habite Singapour, qui me glisse dans ses bagages des kalamansi, cet agrume rare et délicat, à chaque fois qu'il rentre en France.

TARTELETTES AU CITRON, GEL DE BERGAMOTE

Pour 8 à 10 tartelettes (ou une grande)

Pour la crème citron
30 cl de jus de citron
100 g + 50 g de sucre
3 œufs
3 jaunes d'œufs
30 g de poudre à flan
(ou fécule de maïs)
20 cl de crème liquide à 35 % de MG
100 g de beurre

Pour le sablé breton
60 g de jaunes d'œufs
130 g de sucre
150 g de beurre pommade
5 g de sel
200 g de farine
15 g de levure

Pour le gel bergamote
35 g de sucre
5 g de gomme xanthane
50 g de jus de bergamote
200 g d'eau

Pour la meringue française
3 blancs d'œufs
145 g de sucre
5 g de fécule de maïs
1 goutte d'huile essentielle
petit grain bigarade
5 g de vinaigre blanc

Pour le dressage
Feuille d'oxalis et citron caviar
(en option)

CRÈME CITRON

Faites chauffer le jus de citron et les 100 g de sucre dans une casserole. Fouettez longuement les œufs, les jaunes, la poudre à flan et 50 g de sucre pour les blanchir. Ajoutez le mélange blanchi à la casserole et faites épaissir à feu doux sans cesser de mélanger. Quand la crème a bien épaissi et a une consistance ferme, ajoutez à feu doux la crème et mélangez. Hors du feu, incorporez le beurre froid coupé en morceaux. Laissez prendre au réfrigérateur.

SABLÉ BRETON

Faites blanchir les jaunes d'œufs avec le sucre à l'aide d'un fouet. Ajoutez le beurre pommade en trois fois, puis le sel, la farine et la levure puis continuez de mélanger à l'aide de la feuille du batteur ou à la main. Formez une boule, filmez-la et laissez-la reposer au réfrigérateur. Étalez la pâte sur 3 mm d'épaisseur, entre deux feuilles de papier cuisson. À l'aide d'un emporte-pièce de 7,5 cm de diamètre, détaillez des cercles et faites cuire au four 15 minutes à 160 °C.

GEL BERGAMOTE

Mélangez bien l'ensemble des ingrédients sur feu moyen. Ajoutez un peu d'eau si nécessaire. Débarrassez et laissez refroidir. Mixez au Thermomix pendant 3 minutes. Débarrassez dans une poche à douille ou une pipette et mettez au réfrigérateur.

MERINGUE

Fouettez les blancs d'œufs pendant 2 minutes à vitesse moyenne. Ajoutez le sucre en plusieurs fois en continuant de fouetter à vitesse lente pendant 5 minutes. Fouettez à nouveau 5 minutes à vitesse moyenne. Ajoutez la fécule, l'huile essentielle et le vinaigre puis fouettez à vitesse rapide pendant 30 secondes. La meringue doit être lisse et brillante et former un bec d'oiseau.

Étalez-la sur une plaque sur 1 ou 2 mm d'épaisseur maximum. Faites cuire au four 1 heure à 90 °C à chaleur tournante jusqu'à ce qu'elle soit croquante.

DRESSAGE

Faites un cercle de gel de bergamote sur le pourtour du sablé. Pochez la crème citron en une fois au centre du sablé. Terminez par un morceau de meringue. Déposez harmonieusement une ou deux feuilles d'oxalis et quelques perles de citron caviar.

C'est avec cette recette que j'ai fait fondre le cœur de mon compagnon Michel. Le lait de coco, c'est la touche brésilienne qui remplace le lait traditionnellement utilisé pour le pain perdu. Je l'avais également confiée à Victoire Loup, autrice du livre *Chaud* qui regroupe 60 recettes pour séduire aux fourneaux.

BRIOCHE PERDUE AU LAIT DE COCO

Pour 6 à 8 personnes

Pour la brioche
150 g de farine semi-complète
100 g de farine T45
12 g de levure de boulanger
15 g de sel
30 g de sucre semoule
3 œufs
20 g de beurre
1 jaune d'œuf
1 c. à c. de café soluble

Pour la brioche perdue
200 g de lait de coco
3 c. à s. de cassonade
Beurre

Pour le dressage
1 citron vert
Sorbet coco

BRIOCHE

Dans le bol d'un robot pâtissier muni du crochet, mettez les farines, la levure émiettée, le sel et le sucre. Versez les œufs et mélangez à vitesse lente.

Ajoutez progressivement le beurre froid en morceaux. Pétrissez jusqu'à ce que la pâte se décolle des parois.

Laissez reposer la pâte pendant 1 heure entre deux feuilles de papier sulfurisé et à température ambiante. Dégazez.

Façonnez la brioche puis laissez-la pousser pendant une nuit au frais.

Laissez pousser à température ambiante pendant 2 heures puis enfournez pendant 25 minutes à 170 °C.

À l'aide d'un pinceau, dorez la brioche avec le jaune d'œuf préalablement mélangé au café soluble.

BRIOCHE PERDUE

Mélangez le lait de coco et la cassonade.

Coupez deux larges tranches de brioche et imbibez-les du mélange.

Faites chauffer une noix de beurre dans une poêle. Disposez les tranches de brioche imbibées dans la poêle et faites rôtir 4 minutes sur chaque face jusqu'à ce qu'elles soient bien dorées.

DRESSAGE

Disposez une tranche de brioche perdue dans une assiette avec quelques zestes de citron vert et une boule de sorbet coco.

Conseil

Comme pour le pain perdu, cette recette est encore meilleure quand la brioche est un peu sèche.

Le pudim est l'équivalent de la crème renversée française. Dans cette recette réconfortante qui me vient de ma grand-mère, l'ingrédient phare est le lait concentré sucré. Au Brésil, les desserts à base de lait concentré sont très appréciés. C'est aussi la base des brigadeiros, petites truffes au chocolat typiques.

PUDIM DE LEITE

Crème renversée

Pour 8 personnes
(pour 1 moule à cake en verre de type Pyrex)

Pour la crème renversée
150 g de lait concentré sucré
440 g de lait entier
135 g de crème entière
3 œufs

Pour le caramel
250 g de sucre
75 g d'eau

CRÈME RENVERSÉE

Fouettez tous les ingrédients ensemble jusqu'à l'obtention d'un appareil lisse.

Laissez reposer l'appareil pendant 2 ou 3 heures (idéalement une nuit) pour éviter que des bulles ne se forment.

CARAMEL

Faites fondre le sucre avec l'eau dans une casserole très propre et laissez cuire à feu doux jusqu'à l'obtention d'un caramel brun presque fumant.

Répartissez ce caramel dans le fond du moule jusque sur les bords. Laissez refroidir, puis versez par-dessus l'appareil à crème renversée (sans le mélanger avant de le verser).

Faites cuire au bain-marie dans un four à 170 °C pendant 1 h 05 à 1 h 10.

Laissez refroidir avant de servir.

Conseil

En fonction de l'humeur et de la saison, on peut parfumer la crème renversée avec des ingrédients variés : rhum, zestes de citron vert, fève tonka, thym-citron, café...

En cherchant une idée de mignardise maison à proposer aux clients pour accompagner le café, je me suis souvenue de cette recette de mon professeur de CAP pâtisserie Fabrice Leclercq : des madeleines où le beurre noisette est infusé aux zestes de citron. Elles sont complètement addictives !

MADELEINES AU BEURRE NOISETTE CITRONNÉ

Pour environ 25 madeleines

Pour le beurre noisette
½ citron jaune bio
140 g de beurre

Pour l'appareil à madeleines
90 g de cassonade
140 g de farine
7,5 g de levure chimique
2 œufs
45 g de lait entier
20 g de miel

BEURRE NOISETTE

Récupérez les zestes du citron à l'aide d'un économe.

Faites fondre le beurre dans une petite casserole et faites-le chauffer jusqu'à 140 °C.

Il doit légèrement brunir et dégager une odeur de noisette.

Ajoutez les zestes de citron hors du feu et laissez descendre à 65 °C.

MADELEINES

Mélangez les ingrédients secs : cassonade, farine et levure chimique.

Fouettez ensemble les œufs, le lait et le miel. Versez le tout sur les ingrédients secs et fouettez.

Ajoutez le beurre noisette à 65 °C.

Versez l'appareil dans un moule à madeleines beurré et faites cuire au four 6 à 12 minutes (en fonction de la taille du moule) à 170 °C.

Les madeleines doivent être bien bombée et légèrement dorées.

Conseil

La bosse des madeleines naît du choc thermique. Faites l'appareil à madeleines la veille pour qu'il ait le temps de s'imprégner du goût de tous les ingrédients et qu'il soit bien froid avant de passer au four.

Thaïs, une histoire de transmission

Avec deux parents cuisiniers, ma fille, Thaïs, est très vite tombée dans la grande marmite de la cuisine. Tous les jeudis et vendredis soir, elle s'endormait dans l'arrière-cuisine de Tempero, avec le bruit des casseroles et le murmure de la salle en guise de berceuse. On passait tout notre temps libre à cuisiner ensemble, à faire des gâteaux et des pães de queijo. Quand, à seize ans, elle m'a annoncé qu'elle souhaitait emboîter le pas à ses parents et devenir cuisinière, j'ai senti mon cœur déborder d'une immense fierté teintée d'appréhension. Je souhaite à ma fille d'aimer ce métier autant que moi, d'être heureuse tous les matins en enfilant sa veste, de ressentir ce petit froid dans le ventre avant chaque service. Je lui souhaite aussi des pleurs et des insomnies de joie, des rencontres, des échecs peut-être, car ils font partie de l'apprentissage. Je souhaite éclairer son chemin comme une lanterne et lui transmettre la passion d'un métier qui a été pour moi une véritable bouée de sauvetage.

En allant chercher Thaïs un jour à l'école maternelle, je lui ai demandé ce qu'elle voulait en rentrant pour le goûter. Avec sa petite voix d'enfant, elle m'a dit littéralement « une soupe d'agrumes aux épices douces ». Je suis restée bouche bée ! Elle se souvenait de cette recette que nous avions faite quelques jours plus tôt avec son papa, pour les tests des desserts de chez Tempero qui allait ouvrir. Je lui avais offert une boîte à odeurs et elle était incollable pour deviner celle du café, de la vanille ou de l'anis. Depuis, elle a un odorat très fin et un véritable attrait pour les épices.

SOUPE D'AGRUMES AUX ÉPICES DOUCES

Pour 4 personnes

5 clémentines
6 oranges à jus
1 bâton de cannelle
1 étoile de badiane
2 gousses de cardamome
4 baies de genièvre
2 c. à s. de sucre
4 oranges sanguines
½ pomelo rose
Quelques feuilles d'oxalys,
de menthe ou grains de citron caviar
(facultatif)

Dans une casserole, faites infuser les jus de 2 oranges et 1 clémentine avec les épices (cannelle, badiane, cardamome, genièvre) et le sucre pendant 10 minutes à feu doux.

Laissez refroidir 1 heure.

Levez les suprêmes des agrumes restants (oranges sanguines, pomelo, clémentines et oranges).

Disposez les suprêmes dans des assiettes creuses. Versez le jus d'agrumes sur les suprêmes.

Dégustez avec quelques feuilles d'oxalys, de menthe ou des grains de citron caviar.

Cette recette infaillible vient de Fabrice Leclercq, le professeur de pâtisserie que j'avais lors de mon CAP à l'école hôtelière Médéric. Niveau sucré, c'est lui qui m'a tout appris ! À cette époque, j'hésitais encore entre pâtisserie et cuisine. J'ai finalement choisi la cuisine pour me lancer dans mon premier restaurant avec le père de ma fille, mais je garde un gros intérêt pour la pâtisserie.

CHOU CRAQUELIN, CRÈME DIPLOMATE AU MARRON

Pour 25 choux

Pour le craquelin
70 g de farine
50 g de cassonade
18 g de sucre muscovado
50 g de beurre

Pour la pâte à choux
25 cl de lait entier
100 g de beurre
4 g de sel
4 g de sucre
125 g de farine
4 œufs

Pour la crème diplomate
250 g de lait entier
25 g + 80 g de sucre
1 œuf
25 g de poudre à flan
(ou fécule de maïs)
1 feuille de gélatine
175 g de crème de marrons
120 g de crème liquide entière

CRAQUELIN

Mélangez les ingrédients secs. Incorporez complètement le beurre. Étalez sur 1 ou 2 mm d'épaisseur. Coupez à l'emporte-pièce des cercles de 4,5 cm de diamètre.

CHOUX

Chauffez dans une casserole le lait, le beurre, le sel et le sucre sur feu doux jusqu'à ce que le beurre soit fondu. Ajoutez la farine, hors du feu, en une fois et mélangez bien à l'aide d'une spatule en bois. Remettez sur feu doux et mélangez 5 minutes pour sécher un peu la pâte.

Transvasez la pâte dans la cuve du batteur, laissez reposer 10 minutes.

Mélangez la pâte avec la feuille et ajoutez un à un les œufs. La pâte doit avoir une texture lisse et soyeuse. Débarrassez dans une poche à douille.

Préchauffez le four à 180 °C.

Pochez la pâte sur une plaque recouverte de papier cuisson en petits choux de 4 cm environ. Déposez délicatement le craquelin sur le haut de chaque chou sans appuyer. Enfournez à 180 °C pendant 19 minutes, puis à 170 °C pendant 13 minutes, sans jamais ouvrir la porte du four pour ne pas faire retomber les choux.

Ouvrez le four à la fin de la cuisson et laissez reposer au four pendant 10 minutes.

CRÈME DIPLOMATE

Dans une casserole, faites chauffer le lait et les 25 g de sucre. Fouettez l'œuf, la poudre à flan et les 80 g de sucre.

Versez le lait chaud sur le mélange aux œufs. Fouettez et remettez le tout sur le feu en mélangeant sans arrêt jusqu'à épaississement de la crème pâtissière.

Réhydratez la gélatine dans de l'eau froide, essorez-la et incorporez-la hors du feu dans la crème pâtissière. Mélangez bien et laissez refroidir.

Une fois la crème refroidie, ajoutez la crème de marrons.

Montez la crème liquide au batteur et ajoutez-la délicatement dans la crème pâtissière à l'aide d'une maryse.

DRESSAGE

Percez puis garnissez les choux par le dessous à l'aide d'une poche munie d'une petite douille cannelée) jusqu'à ce qu'ils soient bien remplis.

Cette tatin est très gourmande, tout en étant dépourvue de gluten (il n'y a pas de pâte) et de sucre ajouté. Le seul sucre que j'utilise est celui des pommes ! Vous pouvez même récupérer les trognons et épluchures pour réaliser une petite compote anti-gaspi (recette page 196).

TATIN 100 % POMMES

Pour 6 personnes

Pour la tatin
10 pommes Golden
150 g de beurre clarifié
(technique page 198)

Pour le caramel de pommes
8 pommes Gala (ou 1 litre de jus de pommes)

CARAMEL DE POMMES

Passez à la centrifugeuse les pommes Gala puis faites réduire le jus dans une casserole pendant environ 30 minutes jusqu'à l'obtention d'un caramel.

TATIN

Tranchez les pommes Golden en très fines lamelles et réservez les épluchures et trognons.

Placez une feuille de papier sulfurisé au fond d'un moule à manqué. Versez-y une couche de caramel et une noisette de beurre clarifié, puis déposez une fine couche de pommes.

Montez en alternant le caramel de pommes, le beurre clarifié et les lamelles de pommes. Enfournez à 180 °C pendant 40 minutes.

DRESSAGE

Découpez un carré de tarte et servez-le à température ambiante.

Conseil

Pour une version sans beurre, vous pouvez le remplacer par de l'huile de coco.

Ce baba me fait penser à Léane Chartier, la pâtissière que j'ai récemment embauchée pour mon restaurant Dana. Léane est la fille du premier client ayant franchi la porte de Tempero, mon premier restaurant. À l'époque, elle avait à peine 12 ans et savait déjà qu'elle voulait être pâtissière. Alors, je lui ai appris à faire des macarons, et je me suis liée d'amitié avec elle et avec ses parents. Quand, quelques années plus tard, j'ai ouvert Dana, j'ai immédiatement pensé à elle pour le poste de pâtisserie. Ensemble, nous avons mis en place une carte qui nous ressemble.

BABA AU CBD

Ingrédients pour 10 babas

Pour la pâte à baba
300 g de lait tiède entier
40 g de levure chimique
500 g de farine
36 g de sucre
5 g de sel
4 œufs
150 g de beurre fondu

Pour le sirop d'imbibage
1 kg de purée de rhubarbe
1 kg de purée de fraise
200 g de jus de citron
3 litres d'eau
1 kg de sucre

Pour la crème au CBD
500 g de lait de chèvre
0,37 g de CBD
100 g de sucre
31 g d'amidon
(ou de fécule de maïs)
112 g de jaunes d'œufs
188 g de beurre

Pour la rhubarbe pochée
1,2 kg de rhubarbe
250 g d'eau
325 g de sucre
25 g de jus de citron

Pour le montage
500 g de fraises

PÂTE À BABA

Délayez la levure dans le lait tiède. Mélangez la farine, le sucre, le sel et les œufs. Ajoutez le lait et le beurre petit à petit. Versez le beurre fondu.

Peser 18 g dans des moules sphériques de 4,2 cm de diamètre. Laissez pousser pendant 15 minutes à température ambiante.

Faites cuire 25 minutes à 175 °C. Démoulez et laissez refroidir.

SIROP D'IMBIBAGE

Faites bouillir tous les ingrédients. Versez le sirop sur les babas et laissez imbiber pendant 1 h 30. Égouttez-les.

CRÈME AU CBD

Faites bouillir le lait et le CBD. Coupez le feu et laissez infuser 15 minutes.

Mélangez le sucre, l'amidon et les jaunes d'œufs.

Filtrez le lait et versez-le sur le mélange aux œufs. Faites chauffer pendant 1 minute tout en mélangeant.

Hors du feu, ajoutez le beurre coupé en cubes. Débarrassez et laissez refroidir. Mettez en poche munie d'une douille de 10 mm.

RHUBARBE POCHÉE

Épluchez la rhubarbe et coupez-la en tronçons d'environ 20 cm.

Réalisez un sirop avec l'eau, le sucre, le jus de citron et les épluchures de rhubarbe.

Pochez la rhubarbe dans son sirop pendant 5 minutes.

Laissez refroidir puis coupez des tranches de 3 mm d'épaisseur.

DRESSAGE

Dans un cercle de 7,5 cm de diamètre, dressez la rhubarbe en rosace. Déposez une brunoise de fraises au centre.

Creusez le dessus du baba, déposez-le au centre de la rhubarbe puis pochez la crème au CBD au-dessus du baba.

Versez un peu de sirop d'imbibage autour de la rosace de rhubarbe. Décorez avec des fleurs comestibles (facultatif).

J'ai commencé un CAP pâtisserie comme on prend un train en cours de route : l'année avait déjà commencé lorsque l'école où je venais d'obtenir mon CAP cuisine m'a prévenue qu'une place s'était libérée en pâtisserie. Ni une ni deux, j'ai sauté sur l'occasion, toujours avide d'apprendre. J'ai trouvé mon stage chez Benoît Castel au débotté, un peu incrédule de pouvoir travailler avec ce grand professionnel. Incarnant pour moi la douceur, il est d'une rare bienveillance avec ses collaborateurs. J'ai un immense respect pour les pâtissiers de boutique, car derrière chaque bouchée de leurs délices, se cachent des heures de travail, des sacrifices... et des réveils très matinaux !

TARTE AU CHOCOLAT avec Benoît Castel

Pour une tarte pour 6 personnes

Pour la pâte sucrée

130 g de beurre doux pommade
80 g de sucre glace
27 g de poudre d'amandes
1 œuf
5 g de vanille liquide
216 g de farine

Pour l'appareil au chocolat

3 œufs
62 g de sucre semoule
38 g de farine (type 55)
87 g de beurre
66 g de chocolat noir (idéalement du Brésil, à 64 % de cacao)

PÂTE

Crémez (fouettez) le beurre, le sucre et la poudre d'amandes. Ajoutez l'œuf et la vanille.

Incorporez la farine en trois fois, mélangez jusqu'à ce que l'ensemble soit homogène, ne travaillez pas trop la pâte.

Formez un disque, filmez et réservez au réfrigérateur pendant 8 heures.

Étalez avec un rouleau à pâtisserie sur environ 3 mm d'épaisseur.

Beurrez un cercle de 20 cm de diamètre, foncez la pâte, ébarbez (coupez les bords). Réservez au réfrigérateur. Préchauffez le four à 145 °C. Faites cuire la pâte entre 20 et 30 minutes.

APPAREIL AU CHOCOLAT

Faites blanchir les œufs avec le sucre, ajoutez la farine.

Faites fondre le beurre dans une casserole, puis hors du feu ajoutez le chocolat.

Versez le mélange sur les œufs, mélangez bien et coulez dans le fond de tarte précuit. Laissez prendre au réfrigérateur.

Préchauffez le four à 150 °C, enfournez la tarte et faites cuire pendant 10 à 12 minutes : l'appareil doit légèrement souffler sur les bords mais rester souple au centre.

Sortez la tarte du four et débarrassez-la sur une grille pour arrêter la cuisson.

Conseil

Pour plus de croquant, vous pouvez ajouter un crumble au cacao ou des graines de sarrasin torréfiées sur le dessus.

J'ai découvert les pêches de vigne en France et j'ai été fascinée par ce fruit. Je pensais que c'était un fruit sauvage qui ne poussait que dans les vignes. C'est tout ce que j'ai envie de manger en été, la couleur me met en joie et le goût est inimitable.

SOUPE DE PÊCHE DE VIGNE, BASILIC POURPRE

Pour 4 personnes

900 g de pêches de vigne
300 g de pommes
440 g d'eau
35 g de sucre
Quelques feuilles de basilic pourpre

Coupez les pommes et les pêches en morceaux. Épépinez et retirez les noyaux puis mixez-les finement avec les autres ingrédients (gardez quelques feuilles de basilic pour le dressage).

Passez au chinois et mettez la moitié du mélange dans une sorbetière et l'autre moitié au réfrigérateur.

Au moment de servir, dressez une louchée de soupe par assiette, ajoutez une quenelle de sorbet par-dessus et décorez de feuilles de basilic pourpre.

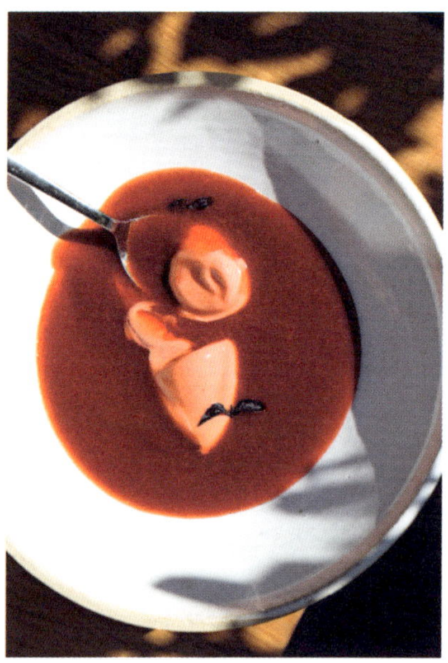

J'ai goûté à cette recette lors de mon dernier périple au Brésil. Maria, la sœur de ma tante, avait préparé cette super brioche pour nous recevoir. Elle venait de la cuire au feu de bois, dans la maison de campagne de ses parents. Le résultat est très moelleux et la brioche est délicieuse, même sans beurre.

ROSCA CASEIRA DA MARIA

Brioche maison de Maria

Pour une belle brioche tressée

2 c. à s. de levure boulangère
500 ml de lait entier
1 kg de farine
1 pincée de sel
1 verre (250 ml) de sucre
2 œufs
1 verre (250 ml) d'huile

Pour le caramel
3 c. à s. de sucre
1 c. à s. d'eau

BRIOCHE

Délayez la levure dans un peu de lait tiède.

Mélangez les ingrédients secs puis ajoutez les œufs, l'huile, le lait et la levure.

Pétrissez jusqu'à l'obtention d'une boule homogène.

Laissez reposer 30 minutes environ, jusqu'à ce que la pâte double de volume.

Pétrissez à nouveau et séparez la pâte en trois pâtons. Faites-en des boudins et formez une tresse.

Disposez la tresse dans un moule beurré (ou huilé) et laissez à nouveau pousser pendant 1 heure environ.

Enfournez 30 à 40 minutes dans un four à 200 °C.

CARAMEL

Pendant ce temps, faites cuire dans une casserole le sucre et l'eau jusqu'à l'obtention d'un caramel très clair.

Lorsque la brioche est cuite, versez le caramel par-dessus pour lui donner une belle couleur brillante.

Conseil

Vous pouvez ajouter des zestes d'agrumes dans le caramel, ou faire une version salée de la brioche. Dans ce cas, il faut seulement 3 cuillerées à soupe de sucre et 1 cuillerée à café de sel.

J'adore l'idée d'utiliser les légumes comme on les attend le moins. La courge butternut crue est très douce, j'en mange souvent ainsi, presque comme une pomme. J'ai voulu l'utiliser dans un dessert, le résultat est assez bluffant !

CLAFOUTIS DE BUTTERNUT

Pour 12 clafoutis individuels

250 g de courge butternut
½ citron
75 g de sucre glace
25 g de poudre d'amandes
50 g de farine
3 œufs
50 cl de crème liquide à 35 % de MG

Lavez et coupez la courge butternut en petits cubes.

Faites-les revenir dans une casserole pendant 10 minutes à feu doux à couvert avec le jus et le zeste de citron. Laissez refroidir.

Mélangez le sucre avec la poudre d'amandes et la farine.

Ajoutez les œufs préalablement battus et la crème liquide. Incorporez les morceaux de butternut.

Versez dans des moules individuels préalablement graissés.

Faites cuire 45 minutes à 170 °C.

Mon amie Sophie m'a un jour dit que son dessert préféré était la pavlova. Elle en avait goûté une à Londres et ne retrouvait nulle part un goût similaire. Pour lui faire plaisir et parce que j'aime les défis, je me suis lancée. C'est un dessert qui fait toujours son petit effet auprès des invités. L'aspérule est une plante sauvage locale qui remplace à merveille la vanille. Vous la trouverez bien sûr dans les chemins de campagne, sur Internet ou dans les herboristeries.

PAVLOVA AUX FRUITS DE SAISON ET CRÈME DIPLOMATE À L'ASPÉRULE ODORANTE

Pour 12 pavlovas individuelles

Pour la meringue
3 blancs d'œufs
190 g de sucre

Pour la crème diplomate
250 g de lait entier
25 g + 80 g de sucre
30 g d'aspérule odorante séchée
1 œuf
25 g de poudre à flan
(ou fécule de maïs)
1 feuille de gélatine
120 g de crème liquide entière

Pour la garniture
Une barquette de fraises
¼ de citron
Quelques fruits rouges

MERINGUE

Fouettez les blancs d'œufs et le sucre dans un cul-de-poule. Placez le cul-de-poule au-dessus d'une casserole remplie d'eau (comme un bain-marie) et fouettez constamment jusqu'à ce que la meringue atteigne 55 °C.

Retirez le cul-de-poule du bain-marie et continuez à fouetter jusqu'à ce que la meringue refroidisse.

Pochez la meringue à l'aide d'une douille Saint-Honoré en formant 5 demi-lunes individuelles, comme sur la photo.

Faites-la cuire à 90 °C pendant 1 heure. Laissez-la dans le four éteint jusqu'à ce qu'il soit froid.

CRÈME DIPLOMATE

Faites chauffer le lait, les 25 g de sucre et l'aspérule odorante.

Fouettez l'œuf, la poudre à flan et les 80 g de sucre.

Filtrez le lait chaud tout en le versant sur le mélange aux œufs.

Fouettez et remettez le tout sur le feu en mélangeant sans arrêt jusqu'à épaississement de la crème pâtissière.

Réhydratez la gélatine dans de l'eau froide, essorez-la et ajoutez-la hors du feu dans la crème pâtissière. Mélangez bien et laissez refroidir.

Montez bien ferme la crème liquide au batteur et ajoutez-la délicatement à l'aide d'une Maryse dans la crème pâtissière.

GARNITURE

Coupez les fraises en quatre dans la longueur et réservez toutes les parties abîmées et les queues pour le coulis.

Réservez les plus beaux morceaux de fraise pour le dressage et mixez le reste avec un peu de jus de citron pour obtenir un coulis. Passez-le au chinois si vous souhaitez un résultat très lisse.

DRESSAGE

Disposez une meringue au centre de l'assiette et pochez harmonieusement sur le dessus la crème diplomate. Répartissez les fruits rouges et versez un peu de coulis à côté.

Conseil

Utilisez toujours de l'aspérule odorante séchée.

BOISSONS

En grandissant dans le Minas Gerais, patrie du *café com leite,* j'ai été biberonnée au lait fermier fumant et au café sucré. J'ai un souvenir ému du *caldo de cana,* jus frais de canne à sucre que je buvais avec du jus de citron, pour accompagner les *pastéis de feira* tout juste frits. Les jus de fruits sont des incontournables des liquides les plus consommés au Brésil. Petite, j'avais toujours un jus d'acérola, la cerise brésilienne acidulée et pleine de vitamine C, qui m'attendait en rentrant de l'école.

O QUE É, O QUE É ?

Gonzaguinha

Viver e não ter a vergonha
De ser feliz
Cantar, e cantar, e cantar
A beleza de ser um eterno aprendiz

Ah, meu Deus !
Eu sei, eu sei
Que a vida devia ser bem melhor
E será !

Mas isso não impede
Que eu repita
É bonita, é bonita
E é bonita

QU'EST CE QUE C'EST ?

Gonzaguinha

Vivre !
Et ne pas avoir honte
D'être heureux
Chanter, et chanter et chanter
La beauté d'être
Toujours en train d'apprendre.

Ah mon dieu !
Je sais, je sais
Que la vie devrait être
Bien meilleure et elle le sera
Mais ceci n'empêche pas
Que je répète
Elle est belle, elle est belle
Et elle est belle.

Faire des citrons de la vie, une caïpirinha

Il y a six ans, lors d'un voyage professionnel à la découverte des vignerons du Languedoc, j'ai fait la connaissance d'Aurélien Gil-Artagnan. En discutant avec lui, j'ai découvert un sommelier passionné, qui, par le plus grand des hasards, est né à São Paulo. J'ai suivi de loin son parcours et je suis revenue vers lui, d'abord timidement, au moment où je recrutais la future équipe de Nosso. Je savais qu'il était habitué aux palaces et aux restaurants étoilés, mais j'avais ouï dire qu'il souhaitait donner plus de sens à sa carrière et vivre une aventure humaine. Nous sommes allés déjeuner ensemble chez mon ami Giovanni Passerini et je lui ai parlé de mon nouveau projet de restaurant. Quelques mois plus tard, il est devenu associé de Nosso.

La caïpirinha compte parmi les emblèmes auriverde. Impossible de faire un séjour au Brésil sans goûter à la version classique de ce cocktail à base de citron vert, de cachaça, de sucre et de glace pilée. Cette recette est celle du chef Rodrigo Oliveira, que je trouve particulièrement bien équilibrée. Dans son restaurant Mocotó à São Paulo, la carte des caïpirinhas vaut le détour ! Il en propose à base de fruit de la passion, de pomme de cajou ou d'autres avec un sucre infusé aux épices et à la vanille. Un délice !

CAÏPIRINHA

CAÏPIRINHA CLASSIQUE

Pour 1 personne

1 citron vert
2 c. à s. de sucre
Une poignée de glace pilée
70 ml de cachaça

Coupez le citron en deux et enlevez le cœur blanc concentré en amertume. Coupez chaque moitié en tranches de 3 à 5 mm environ.

Dans un verre évasé, mettez les tranches de citron, pulpe vers le haut et versez le sucre par-dessus.

Pilez pour faire sortir le jus du citron et fondre le sucre.

Ajoutez la glace pilée jusqu'à remplir le verre et terminez par la cachaça.

Mélangez à l'aide d'une cuillère longue, de bas en haut et servez sans attendre.

CAÏPIRINHA AUX TROIS AGRUMES ET POIVRE DE SICHUAN

Pour 1 personne

¼ de citron vert
1 quartier d'orange sanguine
1 quartier de citron jaune
2 c. à s. de sucre
2 grains de poivre de Sichuan
70 ml de cachaça
Une poignée de glace pilée

Procédez de la même manière que pour la caïpirinha classique, et ajoutez à la fin les grains de poivre. Mélangez et dégustez.

Je bois très peu d'alcool. Alors quand Aurélien Gil-Artagnan, sommelier hors pair de Nosso et véritable compagnon de route a eu l'idée de faire une version sans cachaça du fameux cocktail brésilien, j'ai tout de suite accroché. Le kombucha est une boisson vivante qui est très bonne pour l'organisme, il contient des probiotiques qui régulent la flore intestinale et renforce le système immunitaire.

VIRGIN CAÏPIRINHA AU KOMBUCHA

Pour 2 caïpirinhas

1 citron vert
4 c. à thé de sucre blanc en poudre
Glace pilée
10 cl de kombucha
4 tranches de citron vert déshydraté

Lavez le citron vert. Coupez les deux extrémités puis coupez le citron en deux. Retirez la partie blanche centrale pour limiter l'amertume.

Coupez le citron en huit morceaux identiques.

Placer un demi-citron par verre puis versez 2 cuillerées à thé de sucre.

Pilez fermement le tout directement dans le verre jusqu'à la dissolution du sucre et l'extraction complète du jus de citron.

Recouvrez le mélange citron-sucre d'une bonne couche de glace pilée.

Versez 5 cl de kombucha par verre.

Mélangez avec une longue cuillère, de bas en haut, et décorez de 2 tranches de citron vert déshydraté.

Conclusion

« La cuisine, c'est beaucoup plus que des recettes », disait le grand Alain Chapel. Ce livre en est la preuve. Les recettes qu'il contient ne sont finalement qu'un prétexte pour m'exprimer et transmettre un morceau de mon parcours. Ce livre, c'est aussi l'histoire d'une double rencontre, avec moi-même d'abord et avec deux femmes incroyables, Laurène et Maki, que j'ai désormais la joie de pouvoir compter parmi ma famille de cœur.

Avec moi-même car, au fil de sa construction, je me suis confrontée à une tornade de souvenirs. Les bons, et ceux que l'on aimerait oublier. En retournant aux sources de ma vie, je me suis retrouvée et j'ai pu récolter quelques pièces manquantes au puzzle de ma mémoire. Aujourd'hui, ma mère est partie, mes grands-parents aussi, je ne sais toujours rien de mon père, mais je suis en paix avec mon histoire. Ce dernier voyage au Brésil m'est apparu comme un retour dans le temps, au cours duquel j'ai cherché la petite Alessandra triste et apeurée que j'avais laissée vingt-trois ans auparavant, dans un petit village du Minas Gerais. Maki et Laurène ont été d'une aide précieuse pour la retrouver, lui donner confiance et lui faire comprendre qu'il faut assumer son passé pour que son présent soit plus doux. Je ne les remercierai jamais assez pour cette année un peu suspendue que nous avons partagée, dans le processus de création du livre que vous tenez entre les mains.

J'ai rencontré Laurène lors d'un dîner solidaire organisé par l'association Le Recho. En me voyant, les yeux pétillants de joie, elle m'a littéralement sauté dans les bras. En à peine cinq minutes d'échanges, en portugais qui plus est, j'ai su qu'on ne se quitterait plus.

Maki est entrée dans l'aventure juste après, avec sa douceur et son regard singulier sur le monde. C'était beau parfois de la regarder les larmes aux yeux en train de me fixer à travers son objectif. Nous formons un trio qui m'est si cher !

Je voudrais aussi, en guise de conclusion, leur faire honneur. Laurène, à travers chacun de ses mots, a su écrire et retranscrire mon histoire de façon bouleversante.

Maki, derrière son appareil, a su capter chaque émotion avec une réelle bienveillance.

Ce livre est le nôtre, *o nosso*. Sans elles, il n'aurait jamais vu le jour.

Alessandra

Lexique

Abacaxi : ananas

Angú : polenta de maïs

Bacalhau : morue

Biscoito : biscuit

Bolo : gâteau

Cachaça : alcool de canne à sucre, plus rustique que le rhum. La cachaça est faite à partir de jus frais de canne distillé à 40° puis directement embouteillé.

Café com leite : café au lait

Caldinho de feijão : soupe de haricots, provenant souvent de la cuisson de la feijoada

Caldo : bouillon, soupe non mixée

Caldo de cana : jus frais de canne à sucre

Caïpirinha : cocktail typiquement brésilien à base de cachaça

Carioca : habitant de Rio

Cenoura : carotte

Churrasco : barbecue typique du sud du pays, équivalent aux *asados* argentins, il est traditionnellement préparé le dimanche en famille ou entre amis. Il se compose le plus souvent de bœuf (dont la *picanha*) grillé, de saucisses (*linguiças*) assaisonnées de *vinagrete* (une sauce à base de tomates, d'oignons, d'herbes, finement hachés et arrosés d'huile et de vinaigre) et d'une bonne dose de *farofa*.

Coxinha : littéralement « petite cuisse », c'est le plus connu des salgados. Elle est faite à partir d'une pâte enrobant une farce de poulet assaisonnée.

Farofa : chapelure faite à base de farine de manioc revenue dans de la matière grasse et agrémentée, au choix, d'oignon, de lard ou d'œuf. Elle remplace souvent le pain dans les plats en sauce.

Favela : ensemble d'habitations spontanées et très denses, caractéristique du Brésil. Elles abritent de façon souvent précaire, les franges les plus pauvres de la population. À Rio, elles sont accrochées sur les flancs de collines (*morros*) comme celle de Vidigal, celle de Rocinha ou celle de Babilônia dans la zone sud de la ville.

Feijão : haricot (le plus commun est le haricot noir, utilisé dans la feijoada, lc ragoût de haricots d'où vient son nom).

Queijo : fromage

Lanchonete : Fast-food typiquement brésilien, où l'on achète des salgados et des jus de fruits frais.

Linguiça : saucisse

Maracujá : fruit de la passion

Milho : maïs

Mineiro : qui vient de l'État du Minas Gerais.

Mandioca : manioc (aussi *aipim*, *macamba* ou *macaxeira* selon les régions)

Morro : colline

Pão : pain

Pão de queijo : littéralement « pain au fromage », fait à base de fécule de tapioca, équivalent brésilien de nos gougères.

Pastei : grand chausson rectangulaire de pâte étalée finement, garnie le plus souvent de viande hachée ou de fromage et frite.

Pudim : pudding

Salgado : en-cas salé, le plus souvent frit, vendu dans les lanchonetes.

Saudade : douce nostalgie teintée de mélancolie en repensant à de bons souvenirs.

Sertanejo : désigne ceux qui viennent du Sertão, zone aride du Nordeste du Brésil, mais aussi un style de musique populaire équivalent à la country.

Sopa : soupe

Suco : jus de fruits

Torresmo : couenne de porc frite et salée

8 mars 1977
— Naissance à Vidigal, Rio de Janeiro

16 mars 1977
— Arrivée à Poté, Minas Gerais

4 avril 1994
— Naissance de mon fils André

21 novembre 1999
— Arrivée à Paris

6 janvier 2006
— Naissance de ma fille Thaïs

2009-2010
— Apprentissage chez William Ledeuil

Juin 2010
— Obtention de mon CAP de Cuisine

2010-2011
— Travail chez Adeline Grattard, puis apprentissage chez Benoît Castel

juin 2011
— Obtention de mon CAP de Pâtisserie

8 mars 2012
— Ouverture de mon restaurant Tempero

14 février 2020
— Vente de Tempero

Printemps 2020
— Début des études de naturopathie

9 juin 2021
— Ouverture de Nosso

Septembre 2021
— Obtention du prix « Jeune Talents » par le *Gault&Millau*

Juin 2022
— Obtention de ma deuxième année de naturopathie

Avril 2022
— Ouverture de mon restaurant Dana

Octobre 2022
— Ouverture de l'épicerie Tempero

Index des recettes

Index des recettes

Obrigada !

Un merci tout particulier à Michel Brémont pour son soutien quotidien indéfectible.

Merci à mes enfants André et Thaïs, les étoiles de mon ciel.

Merci à ma famille, et à toute cette *torcida* brésilienne qui suit mes aventures de loin.

Merci à Mainha de m'avoir tant appris.

Merci à mes équipes de Nosso, Tempero et DANA (Sandra, Maryam, Gustavo, Lais, Anna, Juan, Luis, Mattias, Mathieu, Aurélien, Léa, Coline, Julie, Julia, Egina, Anderson, Jordana, Hillary, Margot, Cassandra, Aurélie, Léane, Florencia, Mamadou, Diallo, Helie, Corentin, Daniel, Julie), pour avoir supporté de multiples séances de shooting, mes mille idées à la minute, et mes allers et venues permanents entre les restaurants.

Merci à mes fournisseurs qui me suivent depuis 2012, et sans qui l'aventure n'aurait pas le même goût.

Merci Albert Angel et Lawrence Knights pour votre confiance et votre soutien.

Merci à mes mentors professionnels, Alain Ducasse, Romain Meder, Adeline Grattard, Benoît Castel, William Ledeuil, ainsi qu'à mes formateurs Bernard Charron et Fabrice Leclerc. Merci de m'avoir transmis tant de savoir avec autant de générosité.

Merci à ces chefs brésiliens hors pair, qui ont ouvert mes horizons (Roberta Sudbrack, Rodrigo Oliveira, Janaína Rueda, Thelma Shiraishi, Helena Rizzo...), et à l'équipe du festival Prazeres da MESA à São Paulo les ayant mis sur mon chemin.

Merci à ma coach sportive Lucile, qui nous a bien fait transpirer entre deux reportages au Brésil.

Merci à notre éditrice Clélia Ozier-Lafontaine, pour sa sensibilité et son suivi sans faille jusqu'au bout de l'aventure.

Merci à Alice Leroy pour son travail graphique remarquable.

Merci à toute la famille du Refettorio Paris et à celle du Refettorio Rio, qui m'ont accueillie à bras ouverts.

Merci à David Hertz et à Rapha, cuisinière à Vidigal, pour leur humanité.

Merci à Clarissa et Pedro d'avoir tant de fois essuyé mes larmes.

Merci à Vérane Frédiani et à Estérelle Payany, pour leurs conseils avisés tout au long du chemin.

Merci à Alice Lamarque-Foray (Atelier Oma) et Stéphane Caudron (NO céramique) pour leur vaisselle qui a magnifié mes plats.

Merci à mes chéries, minhas queridas Laurène et Maki d'avoir rendu possible ce rêve un peu fou qu'est écrire un premier livre.

Merci à la petite fille que j'étais, de s'être accrochée et d'avoir pavé le chemin pour l'Alessandra que je suis devenue.

AQUELE ABRAÇO

Gilberto Gil

Alô, moça da favela,
aquele abraço !
Todo mundo da Portela,
aquele abraço !
Todo mês de fevereiro
aquele passo
Alô, Banda de Ipanema,
aquele abraço !
Meu caminho pelo mundo
eu mesmo traço
A Bahia já me deu
régua e compasso
Quem sabe de mim sou eu
Aquele abraço !
Pra você que me esqueceu
Aquele abraço !
Alô, Rio de Janeiro,
aquele abraço !
Todo o povo brasileiro,
aquele abraço !

JE VOUS EMBRASSE

Gilberto Gil

Allô, jeune fille de la favela
Je vous embrasse !
Tous les gens de Portela,
Je vous embrasse !
Tout le mois de février,
Quelle danse !
Allô, groupe d'Ipanema,
Je vous embrasse !
Mon chemin autour du monde,
Je le trace moi-même,
Bahia m'a déjà donné
Une règle et un compas,
Celui qui me connaît, c'est moi.
Je vous embrasse !
À vous qui m'avez oublié
Je vous embrasse !
Allô, Rio de Janeiro,
Je vous embrasse !
Tout le peuple brésilien,
Je vous embrasse !

COZI
NHAS
SOLIDÁ
RIAS
GASTROMOTIVA

Achevé d’imprimer en février 2023 par DZS Grafic.